作者简介

郭建，男，生于1956年9月，上海人。1978年考入华东师范大学历史系，1982年本科毕业后考入复旦大学法律系，师从叶孝信教授攻读中国法制史专业研究生。1985年获法学硕士学位。毕业后留校任教，主要从事中国法制史的教学与研究工作。教学领域，2001年获上海市"育才奖"；2007年被复旦研究生票选为"心目中的好导师"；2010年又被复旦本科毕业生票选为"心目中的好老师"。学术研究方面，著有《当代社会法律意识试析》、《中国古代地方监察制度试析》、《"坑"考》、《"王子犯法，庶民同罪"？》等文章，出版过《中华文化通志·法律志》、《中国法文化漫笔》、《帝国缩影——中国历史上的衙门》、《师爷当家》、《中国财产法史稿》、《典权制度源流考》等一系列法律文化类专著。近年来多次受邀担任中央电视台社会与法频道"法律讲堂"栏目、上海电视台纪实频道"文化中国"栏目、东方电视台艺术人文频道"世说新语"栏目嘉宾，主讲中国传统法律文化，受到观众好评。

戒石铭与皮场庙
中国古典名著的法眼解读

郭建 著

北京大学出版社
PEKING UNIVERSITY PRESS

图书在版编目（CIP）数据

戒石铭与皮场庙：中国古典名著的法眼解读／郭建著．—北京：北京大学出版社，2012.1
ISBN 978-7-301-19544-4

Ⅰ.①戒… Ⅱ.①郭… Ⅲ.①法律－传统文化－研究－中国 Ⅳ.①D909.2

中国版本图书馆 CIP 数据核字（2011）第 192745 号

书　　　名：戒石铭与皮场庙——中国古典名著的法眼解读
著作责任者：郭　建　著
责　任　编　辑：郭薇薇
标　准　书　号：ISBN 978-7-301-19544-4/D·2946
出　版　发　行：北京大学出版社
地　　　址：北京市海淀区成府路 205 号　100871
网　　　址：http://www.pup.cn
电　　　话：邮购部 62752015　发行部 62750672　编辑部 62752027
　　　　　　出版部 62754962
电　子　邮　箱：law@pup.pku.edu.cn
印　　刷　者：北京汇林印务有限公司
经　　销　者：新华书店
　　　　　　880 毫米×1230 毫米　A5　6.5 印张　128 千字
　　　　　　2012 年 1 月第 1 版　2012 年 1 月第 1 次印刷
定　　　价：26.00 元

未经许可，不得以任何方式复制或抄袭本书之部分或全部内容。
版权所有，侵权必究
举报电话：010-62752024　电子邮箱：fd@pup.pku.edu.cn

前 言

从一个法律文化研究者的角度来看,中国古代的长篇小说中,《水浒传》《金瓶梅》《红楼梦》具有最广阔的社会视角,所描绘的社会生活场景宏大而又细致,是从法律文化视角进行解析的绝佳样本。

中国古代的身份社会体制中,拥有特权地位称之为"贵",拥有财富称之为"富"。"贵"可以兼得"富",而以"富"求"贵"就没有直接的路径。高居社会顶层的是皇亲国戚之类的贵族、文武百官,而作为官僚候补队伍的士大夫阶层,是特权阶层的重要成分。平民阶层无论贫富被分为农、工、商等几类,地主、商人和农民、工匠,在法律上都属于平民,处在社会的下层,一样都要为朝廷承担赋税徭役。而居于社会最底层的是奴婢之类丧失人身自由的贱民阶层。此外,很多的社会边缘角色,比如无业游民,被习俗和法律视为"贱业"的"倡优隶卒"(指色情及表演专业户、政府勤杂人员)等。

《水浒传》描写的主要是中国古代的下层社会。小说中的主要角色里,社会地位最高的是唯一具有特权身份的小旋风柴进,其他像鲁达、林冲、杨志那样的低级军官,宋江那样的"鄙猥小吏"(基层政府工作人员),只能算是社会的中下层。再以下如九纹龙史进、托塔天王晁盖那样的"土豪",玉麒麟卢俊义那样的富商,智多星吴用、入云龙公孙胜那样科举场上混不出世的读书人,作为渔民的阮氏兄弟,作为猎户的解氏兄弟,浪里白条张顺那样的行纪商,混江龙李俊那样的"私商"等,这些人还保留平民的地位。更多的则是社会边缘人物,比如拼命三郎石秀那样的无业游民,在习俗上和法律上都被视为"贱役"的黑旋风李逵、打虎武松、病关索杨雄,以及鼓上蚤时迁那样的小偷,开黑店的母夜叉孙二娘,如此等等,都是在其他的传统文学作品中很少描写的角色。《水浒传》的视角就是这样朝着社会的下方,描绘社会底层人们的社会交往,反映底层人民的喜怒哀乐。

《金瓶梅》描写的主要是传统社会的中层。《金瓶梅》对于社会的切入点也是传统文学作品中比较少有的,它描写的是晚明的城市生活场景。小说的主人公西门庆原来是商人,是称霸一方的地痞,可是后来他通过合法或不合法的途径竟然成为官员,跻身特权阶层,成为体制"内外通吃"的角色。他试图"以富求贵",从追逐经济利润向角逐政治权力努力,来保障并扩展自己的财富。既然合法的"以富求贵"的途径不存在,他就依靠违法交易来积累财富,依靠接近、贿赂政治权力的享有者来寻求保护和发展机会,依靠帮派势力来维护势力范围,依靠奢靡的生活来显示自己的成功。在财产利益与性关系上,都表现出疯狂的、无节制的病态占有欲望。

《红楼梦》描写的则主要是中国传统社会的上层。以贾、薛、王、史四大家族为主线,描写的是贵族家族,以及官僚世家、"皇商"(朝廷指定的采办商人)大户这些社会高层的活动,揭示了官场运作中的种种黑幕,显示出统治者在正式场合提倡的整套伦理道德、法律规则,但他们自己往往弃之如敝屣,使读者产生"看破红尘"的虚幻感觉。

这样,从社会的下、中、上三个层次,这三大名著提供了全方位的传统社会的视野,是传统社会的活教材。本书就是从这个视角来进行法律文化的扫描,以期为读者提供更多的信息,来了解中国传统法律文化的特色。

目 录

壹 梁山好汉们脸上的"金印"

003　究竟什么是"金印"？
004　最为宽大的法定刑制度
005　附加刑超越法定刑
007　"刺配"为军
011　"金印"打在脸颊上
013　元明的"刺字"刑
014　"充军""刺配"有不同

贰 杀人没偿命的三大案

016　杨志卖刀杀牛二
018　宋江怒杀阎婆惜
020　武松杀嫂
022　斗殴杀人无死罪？
023　牢不可破的"杀人偿命"观念
025　"斗杀"依然是死罪
027　司法上开设的"后门"

叁　林冲一纸把妻休

- 030　被发配无奈休妻
- 033　休妻的法定要件
- 035　休书的形式要件
- 037　"手模"的重要意义
- 038　写休书"伤天害理"

肆　戒石铭与皮场庙

- 040　衙门里的石碑
- 041　由来已久的"官箴"
- 043　起点很低的廉政要求
- 045　"皮场庙"——极端的治贪手段
- 047　软硬两手总失效

伍　宋江"典"得阎婆惜

- 049　阎婆惜是宋江什么人?
- 052　"典身"、"卖身"大不同
- 054　"典雇妻女"系违法
- 056　禁止不了的"陋俗"

陆　人命案件的"五大要件"

- 058　"尸、伤、病、物、踪"五要件
- 061　无尸难以受理杀人案
- 062　无尸不能直接判决杀人案
- 065　"死不见尸"要慎重
- 066　没有尸体时皇帝"说了算"
- 068　立法导向的考虑

金瓶梅

壹 武大郎捉奸

071　第一反应躲床底
074　杀奸披红的小鸦儿
075　来自蒙古草原的法条
076　捉奸杀奸成风气
078　冤魂无数为哪般

贰 公道与人情的博弈

080　苗青贪财害主
082　西门庆纳贿有方
084　两贪官分赃枉法
085　巡按重审案件
086　走太师门道翻案
087　西门庆行贿御史
089　人治格局下法制的废弛

叁 "合同"与"契"大不同

091　西门庆"捣"的"合同"
095　做交易要立"契"
097　"契"和"合同"的来历
099　商事交易一般用"合同"

肆 买房不如"典房"

101　武大郎三次租房"蜗居"
103　租不如典
105　"典"业由来已久
108　"典房"和"典当"不相同
109　"典房"要比买房强

伍 武松能否娶金莲

111　著名的冤家叔嫂
114　李代桃僵为哪般
116　通奸处罚大不同
116　游牧民族习俗大不同
118　为了清除"污染"而立严法

陆 古人讨债难讨息

120　西门庆安排的恶作剧
123　"违契不偿"的罪名
124　司法不保护利息债权
126　古代法律对利息的态度
128　"为富不仁"法难保

红楼梦

壹 历经坎坷的表兄妹婚姻

- 133　宝黛能否成婚？
- 135　表兄妹婚姻的法律规定
- 137　矫枉过正的法律规定
- 139　清初的禁令
- 140　表兄妹婚姻的开禁

贰 马道婆的巫术案

- 143　神五神六的马道婆
- 145　阴暗邪祟的主谋
- 146　宝玉凤姐齐中招
- 147　处置巫术的专门法律
- 151　赵姨娘和马道婆的应有下场

"家生子"和"外面的"

153 不愿被赎身的袭人
155 被驱逐的晴雯
157 古代法律中的奴隶制度
160 奴婢的境遇

 探春不认舅

163 亲妈叫"姨娘",亲女称"姑娘"
167 一夫一妻多妾制下的家庭
168 正妻才是家长
169 赵姨娘不及袭人

 凤姐"炒作"张华案

173 无事生非狠凤姐
175 "无谎不成状"
177 三方总导演

凤姐放债引火烧身

181 贾府被抄家的罪名
184 贾府谁在放债?
185 凤姐放债攒私房
187 "重利盘剥"罪
188 凤姐取利无须"违禁"
190 避免悲剧结局的苦心之作

后记 195

水浒传

- 壹 梁山好汉们脸上的"金印"
- 贰 杀人没偿命的三大案
- 叁 林冲一纸把妻休
- 肆 戒石铭与皮场庙
- 伍 宋江"典"得阎婆惜
- 陆 人命案件的"五大要件"

梁山好汉们脸上的"金印"

究竟什么是"金印"?

看《水浒传》,好汉们被逼上梁山时,大多都是脸上打了"金印",被官府"刺配"的罪犯。比如第一回"张天师祈禳瘟疫 洪太尉误走妖魔"中洪太尉拿"刺配"来威胁道士们,指着道众说道:"你等不开与我看,回到朝廷,先奏你们众道士阻当宣诏,违别圣旨,不令我见天师的罪犯;后奏你等私设此殿,假称锁镇魔王,煽惑军民百姓。把你都追了度牒,刺配远恶军州受苦。"

那么究竟什么是刺配?为什么又叫打金印?

《水浒传》内容本身对此也有解释,第八回"林教头刺配沧州道 鲁智深大闹野猪林"里,作者解释说:"原来宋时,但是犯人徒流迁徙的,都脸上刺字,怕人恨怪,只唤做'打金印'。"也就是说,罪犯被判决了徒刑、流放、迁徙的,都要在脸上刺上字。因为大家讨厌"刺字"的说法,所以改称"打金印"。

那么,水浒作者的这个解释对吗?刺字在宋朝真的是一种主刑以外必须再加上的附加刑吗?

要了解这个问题,首先就要了解宋代的刑罚制度了。

最为宽大的法定刑制度

宋代的法律所规定的正式刑罚制度,和唐朝是一样的,就是所谓的"五刑":笞、杖、徒、流、死。

笞刑,是拿荆条(法定程度是三尺五寸〈约合今108.85厘米〉,号为"笞杖",大头直径二分〈约合今0.62厘米〉,小头直径一分五厘〈约合今0.47厘米〉)抽打罪犯的臀部和大腿,分为五等,每一等十下,每打十下算一等,也就是从十下到五十下,分为五等。

杖刑,是用荆条(法定程度也是三尺五寸,号为"常行杖",大头直径二分七厘〈约合今0.84厘米〉,小头直径一分七厘〈约合今0.53厘米〉)抽打罪犯的背部、臀部、大腿,每打十下算一等,也就是从六十下到一百下,也分为五等。

徒刑,是将罪犯关在监狱里,并为当地官府服苦役。从徒一年开始,每半年为一等,一共也是五等,到徒三年为止。

流刑,是将罪犯放逐到很远的地方,从两千里开始,每五百里为一等,一共是三等。最重的是流三千里。罪犯到了流放的地方,先要为当地官府服一年的苦役,以后就在当地落户居住。

死刑,分为绞、斩两等。绞,是在罪犯脖子上套上一个绳圈,然后用短木棍将绳圈逐渐绞紧,直至罪犯窒息毙命。斩即斩首。

虽然称为"五刑",但以上刑罚制度在当时世界上却是最为宽大、最为人道的。它针对的完全是中国特定的文化环境。

比如笞杖刑,用小指粗的荆条抽打几十下,身体痛苦程度一般来说还不至于到达常人所能承受的极限,可是中国传统文化强调的是"身体发肤受之父母,不敢毁损",做了坏事让官府打屁股,是对祖先赐予的身体的亵渎,身上痛、心里更痛,有沉重的对于祖先的负疚感。

又比如流刑,因为中国传统文化强调的是"不去父母之邦"、安土重迁的观念,那么将一个人强行迁居到两千里远的地方去,就算是一种很严重的处罚,虽然罪犯人身体上可能没有什么痛苦,可是他的心理上,就承受了很大的痛苦。

附加刑超越法定刑

到了唐代,民族大融合,文化观念已经有了很大的发展,使得原来中原华夏族发展过来的汉族的那些古老禁忌已经对普通人的影响不大。唐代立法的时候,实际上已经体会到这套"五刑"刑罚体系的威慑力不够,因此对于重罪罪犯往往处"重杖一顿"的处罚,让罪犯皮肉狠狠吃苦,以儆效尤。

到了唐末五代社会秩序混乱,统治者如同走马灯一般转换大王旗,哪里有功夫来把罪犯关押三年,或者流放到三千里以外的地方,很多割据政权的统治地域也没有三千里那么大。于是广泛采用"脊杖"的处罚方式,来代替原来的笞杖徒流刑罚。同样的罪名,先按照法律规定的刑罚判决,执行的时候转换为"脊杖":用竹板专门打罪人的背脊,打出血来,叫做打一个"背花"。这个传统到了宋朝,就固定下来,叫做"折杖法",大多数徒刑、流刑罪名的处罚都折合为打几下、十几下脊杖。具体来说:

宋代将原来部分的徒刑罪名改为"脊杖",仍以竹板为刑具,只责打罪犯背部,数目自十三到二十下。

另外,笞杖刑改行"臀杖",刑具为三尺五寸(约合今107.62厘米)长的竹板,大头阔二寸(约合今6.14厘米),小头直径九分(约合今2.76厘米),只责打臀部,数目自七下到二十下。

流刑则一律要附加脊杖,数目为十七下到二十下。折杖行刑后,就地配役,不再远流。服役年满即放。流刑犯如果还附加有编管、移乡刑罚时,则配役之刑移至编管、移乡处执行。宋在流刑本刑外,常以附加刺配刑的方法来惩处重犯。如法律规定漏泄"朝廷机密事",流二千五百里,"配千里"。其中流二千五百里是本刑,配千里是附加刑。实际执行时,本刑折成杖脊十八,并不流放,"配千里"才是真的配到千里以外服役。

"刺配"为军

可是后来宋朝统治者觉得有些重罪罪犯这样光打一顿还不足以防止他们再次犯罪,而且"死刑重,生刑轻,故犯法者多"。死刑与生刑脱节,重轻失调。对于那些犯了重罪而又不至于死的犯人,由于实行折杖法,刑罚显得苍白无力。于是又想出来将重罪罪犯在打完脊杖后,再把他们集中到地方部队里去服役。

随着宋代社会矛盾的逐渐发展,附加刑的运用范围也越来

林冲刺配沧州

广,其刑罚等级也日趋细密,并呈加重趋势。例如北宋真宗大中祥符年间,刺配法仅40多条。至南宋孝宗淳熙时,达570条。发展到后来,宋代的附加刑远重于主刑,从而形成了宋代刑法的一个特色。刺配的地理远近是根据罪行轻重来定的。以后逐步扩大运用,到北宋哲宗元符元年(1098年)时,配隶等级约分九等,依次为配本州、邻州、五百里、千里、二千里、三千里、广南军州、远恶军州、沙门岛。南宋孝宗时又细分为十四等。配隶刑是不定刑期,并无明文规定配隶人何时能恢复自由,唯遇朝廷恩赦,可依量移法从远处移徙近地。犯人量移后,如又遇恩赦,则放令从便。

那么配役为什么又要"刺字"呢?

原来,在五代的时候,军阀混战,为了防止逃兵,统治者都采用抓兵的办法来补充军队,为了防止士兵逃亡,就在士兵脸上刺上部队的番号。这个办法也保留到了宋朝,宋朝正式的军队叫"禁军",士兵不是抓来的,是雇来的,发工资的,不过代价就是,你拿了我的兵饷,就要给我在脸上刺上部队番号,省得你拿了工资就逃走。

另外,宋朝把地方治安性、辅助性的部队称为"厢军",实际上是给朝廷服劳役的军队,比如运输物资、看守仓库、维修设施等,主要由服刑的罪犯来充当,士兵脸上也要刺上服役的地方。《水浒传》里,梁山好汉们的小喽啰士兵,也都是脸上刺着梁山的番号。比如第十九回,梁山首次在晁盖领导下打败了前来围剿的官军,"把这新拿到的军健,脸上刺了字号,选壮浪的分拨去各寨喂马砍柴,软弱的各处看车切草"。

前面这两个情况一结合演化,就出现了"刺配":

第一,它只是适用于某些重罪罪犯,并不是所有的徒流罪犯都适用,而是针对某些重罪罪犯的特定的附加刑。在南宋的《名公书判清明集》里,大量的案件判决,都是适用的"刺配"。但都是先有"脊杖",然后才有"刺配"。

第二,脸上的刺字本身不是处罚,而是服劳役的附加刑所附带着的一个番号。刺配的罪犯,脸上刺的,是他前往服役的地点,也就是"军州"。宋代把一些具有重要军事意义的地点划为"军",和普通的地方政府"州"平级——州下面还有县,"军"是基层政府,但级别高,和州平级。罪犯脸上刺的既不是罪名,也不是人名,而是一个地名。这一点《水浒传》的作者没有搞错。

比如第十七回,济州府尹为了黄泥岗生辰纲一案,叫来观察何涛:

> 府尹喝道:"胡说!上不紧则下慢。我自进士出身,历任到这一郡诸侯,非同容易。今日东京太师府差一干办来到这里,领太师台旨,限十日内须要捕获各贼正身完备解京。若还违了限次,我非止罢官,必陷我投沙门岛走一遭。你是个缉捕使臣,倒不用心,以致祸及于我。先把你这厮迭配远恶军州雁飞不到去处!"便唤过文笔匠来,去何涛脸上刺下"迭配……州"字样,空着甚处州名。发落道:"何涛,你若获不得贼人,重罪决不饶恕!"

宋江被麻翻

又如宋江刺配江州,途经揭阳岭,被开黑店的催命判官李立麻翻,准备开剥,好在混江龙李俊赶来:

> 当下四个人进山崖边人肉作房里,只见剥人凳上挺着宋江和两个公人,颠倒头放在地下。那大汉看见宋江,却又不认得;相他脸上金印,又不分晓。

后来想起来查看押送公文,才知道被麻翻的正是"及时雨"宋江。

"金印"打在脸颊上

那么究竟刺配是将服役地点刺在哪里呢?《水浒传》小说里绝大多数都说明是刺在罪犯的脸颊上,林冲被判刺配,"唤个文笔匠刺了面颊";高太尉部下陆谦安排押送的公人暗害林冲,"明日到地了时,是必揭取林冲脸上金印回来做表正"。宋江在江州浔阳楼写"反诗",说是"不幸刺文双颊,那堪配在江州。他年若得报冤仇,血染浔阳江口"。这里的"双颊",应该是为了诗词平仄的需要,因为其他地方都说只是两行金印,没有说明是两面的脸颊。比如第二十九回,武松去打蒋门神时,"头上裹了一顶万字头巾,身上穿了一领土色布衫,腰里系条红绢搭膊,下面腿绷护膝,八搭麻鞋。讨了一个小膏药,贴了脸上金印"。可见"金印"只是在一边脸颊,用一张小膏药就可以遮住。

可是《水浒传》也有很多地方是明显写错的。首先,有关刺配

武松剪发藏金印

的那个说明就是错误的,刺配并不是普遍适用的附加刑。其次,有关刺字的部位也有说错的。比如,第二十七回里,武松在十字坡酒店里,母夜叉孙二娘和菜园子张青将他装扮成一个游方的和尚,"只除非把头发剪了,做个行者,须遮得额上金印"。刺字的部位是在额头之上,显然与小说其他部分的描写的刺在脸颊上的不同。

那为什么《水浒传》的作者会写错呢?

说起来也很简单。水浒传的故事不是一个人一时一地创作的,梁山好汉的故事在南宋开始流行,到了元朝,很多水浒故事成为戏剧剧目,直到明朝才汇拢为我们现在看到的长篇小说。所以在水浒传故事成文的时候已经是在元明二朝,而这两个朝代却是没有"刺配"这样针对重罪罪犯的附加刑的。写错也就情有可原了。

元明的"刺字"刑

元朝法律规定的刑罚体系,和中原地区传统不同,增加了"刺字"刑,主要作为侵犯财产犯罪罪犯的附加刑。凡是初犯盗窃行为,并且盗窃的财物已经到手、罪名确凿、已经被判处刑罚的罪犯,在罪犯左小臂内侧,刺上一寸见方的"窃盗"两个字。再次触犯窃盗罪名的,在罪犯的右小臂内侧,刺上"窃盗"两个字。第三次触犯窃盗罪名的,在罪犯的脖子后侧,刺上"窃盗"两个字。强盗罪犯,初犯的就要在脖子后侧刺上"强盗"字样。

凡是被刺了字的窃盗或者强盗罪犯,刑罚执行完毕后,还要在本地充当"警迹人",就是为官府充当"眼线",晚上跟着巡逻警戒,白天要追踪罪犯踪迹。平时要时常到官府报到。如果能够抓住其他罪犯的,就可以经过官府批准"起除刺字"。没有这样的立功表现,经过充当5年"警迹人",没有再犯罪的,也可以经官府批准"起除刺字"。

元朝有关刺字的法律规定相当细致,比如蒙古妇女犯盗罪的,不适用刺字的附加刑。假如罪犯手臂上有文身的,要在文身的空白处刺字;假如罪犯在刺字后再去文身,故意用文身遮盖刺字的,再犯盗罪的,就要改刺在罪犯的手背上。假如被刺字的罪犯自行"起除刺字"的,再犯任何罪名,都要补刺。

元朝的军队是职业军、世袭军,百姓一旦被签为军户,就要世代服兵役。不过元代没有采取宋朝那种给士兵脸上刺番号的办法,很可能是为了争取士兵。因为脸上刺字,对于中国汉族人来说,是在脸上留下永久性的创伤,也给保有"孝"的传统观念的人心灵上留下永久性的创伤。

"充军""刺配"有不同

以后明朝的法律照搬了这个附加刑种,凡是盗罪(窃盗、白昼抢夺以及盗窃官府财产的"常人盗"等)都要在罪犯的小臂、脖子后部刺字,只有强盗罪因为法律已加重到"得财皆斩",不再刺字。仍然没有在犯人脸上刺字的事情。

另外,明朝创设了"充军"的刑罚,将一些重罪罪犯在执行完刑罚后,再发到某些地方去"充当军户",当作驻防军人。这和宋代的思路是一样的,只是明代不再采用脸上刺部队番号的办法来防止逃兵,而是采用连坐的办法,有军户逃亡的,就到他的原籍老家,从他的兄弟开始"点签",没有兄弟的就是堂兄弟、族兄弟,甚至只要是同姓的远亲,反正要有一户充军到逃亡的地方去。

充军这个办法原来也只是针对部分罪名,明律中规定凡军人犯徒流罪,先决杖刑,然后分等发往外地卫所充当军户。以后的条例也对平民适用充军,充军的罪名不断增加,至万历《问刑条例》已有133项针对平民的充军罪名。逐渐形成附近、边卫、极边、烟瘴、沿海、口外等等级,而又分为终身充军、永远充军两类,前者仅罪犯本人充当军户至死,后者则罪犯子孙世代为军户。

因此实际上到水浒传成为小说的时候,说书人以及民间已经普遍对于刺配没有了认识,难免理解有所错误。

杀人没偿命的三大案

杨志卖刀杀牛二

《水浒传》小说里有关杀人的描写实在是太多,但是杀人以后经过正式司法审判的案件并不是很多,最突出的,就是有三个杀人案件经过司法审判后,行凶人并没有被判处死刑。

第一个案件是第十二回"杨志卖刀杀牛二"。说的是,杨志押运的"生辰纲"被晁盖等好汉劫走,杨志被革除军职,流落在东京城。缺钱用度,只好把家传的宝刀拿到开封天津桥下的市场上去卖。晦气的是,没有一个买家,却引来了"京师有名的破落户泼皮,叫做没毛大虫牛二"。大虫,就是老虎的意思,这牛二就是个在大街上"撒泼行凶撞闹"的老虎。

牛二见了杨志的那口宝刀,先还问了价钱:"汉子,你这刀要卖几钱?"杨志道:"祖上留下宝刀,要卖三千贯。"牛二追问这宝刀有什么好处,杨志回答:"第一件砍铜剁铁,刀口不卷。第二件吹毛得过。第三件杀人刀上没血。"牛二要杨志验证,杨志挥刀将一叠铜钱砍成两半,又将牛二的一把头发放在刀口一吹就断。这牛二就开始撒泼,要杨志砍他一刀来验证"杀人不见血"。杨志道:"和你往日无冤,昔日无仇,一物不成,两物见在。没来由杀你做甚么?"牛二居然上前揪住杨志不放,一定要杨志把宝刀给他,杨志道:"俺不与你。"牛二道:"你好男子,剁我一刀。"杨志把牛二推开,牛二爬起来又纠缠不休,小说描写道:"(牛二)挥起右手,一

杨志杀牛二

拳打来。杨志霍地躲过,拿着刀抢入来,一时性起,望牛二颡根上搠个正着,扑地倒了。杨志赶入去,把牛二胸脯上又连搠了两刀,血流满地,死在地上。"

杨志叫了看热闹的人陪他到官府去自首,开封府尹派人去现场检验了牛二的尸体,将杨志关入死囚牢房。小说解释说,因为杨志为开封除了牛二这个祸害,监狱上下及街坊市民,都来为他说情。开封府负责此案的"推司"(专职司法官)"也觑他是个首身的好汉,又与东京街上除了一害,牛二家又没苦主",于是将案情改成"一时斗殴杀伤,误伤人命"。判决为"二十脊杖","迭配北京大名府留守司充军",而那口宝刀,作为凶器被"没官入库"。

宋江怒杀阎婆惜

第二个杀人没有偿命的案件,是第二十一回"宋江怒杀阎婆惜"。

只因为衙门里做书吏的宋江,给智取生辰纲的晁盖等好汉通风报信,使得好汉们逃脱了官府的追捕。当晁盖等人在梁山"落草"安身后,思念宋江的好处,派了赤发鬼刘唐来郓城县给宋江送信,并赠送一百两黄金为谢。宋江退还了黄金,只留下了书信。可是想不到这封书信被宋江的"外室小妾"(家外的小老婆)发现,当作了把柄,向他勒索那一百两金子。两人争吵抢夺,"那婆娘见宋江抢刀在手,叫:'黑三郎杀人也!'只这一声,提起宋江这个念头来,

宋江怒杀阎婆惜

杀人没偿命的三大案

那一肚皮气正没出处。婆惜却叫第二声时,宋江左手早按住那婆娘,右手却早刀落,去那婆惜嗓子上只一勒,鲜血飞出,那妇人兀自吼哩。宋江怕人不死,再复一刀,那颗头伶伶仃仃落在枕头上"。

宋江杀了阎婆惜后,赶紧烧毁了那封惹祸的书信,负罪逃跑,在江湖上混迹多日。第三十六回写道,宋江被宋清假报父亲丧信骗回家来,走漏风声,官府派兵包围宋家村,宋江也就顺势投案。到衙门后,宋江主动认罪,亲写供招:"不合于前年秋间,典赡到阎婆惜为妾。为因不良,一时恃酒,争论斗殴,致被误杀身死,一向避罪在逃。今蒙缉捕到官,取勘前情,所供甘罪无词。"

宋江到案时,书中交代,当时朝廷已经发布了大赦令,"斗殴误杀"死罪得以减刑一等,而阎婆惜的母亲阎婆也已死亡,没有了"苦主"(人命案件的受害人亲属)。宋江原来就是衙门里的书吏,昔日的同事们关系也都很好,都尽力为他说话。结果判决为"赦前恩宥之事,已成减罪。拟定得罪犯,将宋江脊杖二十,刺配江州牢城"。

武松杀嫂

第三个案件是第二十六回里的"武松杀嫂"。潘金莲与西门庆通奸,由王婆出主意,两人毒死了武大郎。武松从外地归来,打听得潘金莲与西门庆有奸情,在投告衙门不成功后,找来街坊邻居为见证,逼问潘金莲、王婆,将全部奸情及谋杀武大郎情节搞清,请街坊记录在案。然后:

武松道:"哥哥灵魂不远,兄弟武二与你报仇雪恨!"叫土兵把纸钱点着。那妇人(潘金莲)见头势不好,却待要叫,被武松脑揪倒来,两只脚踏住他两只胳膊,扯开胸脯衣裳。说时迟,那时快,把尖刀去胸前只一剜,口里衔着刀,双手斡开胸脯,取出心肝五脏,供养在灵前。肐查一刀,便割下那妇人头来,血流满地。

杀了潘金莲还不算,武松叫街坊看住王婆,自己拎了潘金莲的脑袋去找西门庆,在城中心的狮子桥下大酒楼,与西门庆大打出手,最后将西门庆从酒楼上摔到当街,武松跳下来,"先抢了那口刀在手里,看这西门庆已自跌得半死,直挺挺在地下,只把眼来动。武松按住,只一刀,割下西门庆的头来"。

武松自己去衙门自首后,"县官念武松是个义气烈汉,又想他(替自己)上京去了这一遭,一心要周全

武松杀西门庆

他,又寻思他的好处"。于是将案情完全改换,"武松因祭献亡兄武大,有嫂不容祭祀,因而相争。妇人将灵床推倒。救护亡兄神主,与嫂斗殴,一时杀死。次后西门庆因与本妇通奸,前来强护,因而斗殴。互相不伏,扭打至狮子桥边,以致斗杀身死"。上报上级。

而上级官府一级级也都按照这个编造的情节复审。最后判决:"武松虽系报兄之仇,斗杀西门庆奸夫人命,亦则自首,难以释免;脊杖四十,刺配二千里外。"

斗殴杀人无死罪?

以上三个案件,从今天的眼光来看,杨志、宋江、武松都已构成故意杀人罪。杨志与牛二打斗时,用刀"望牛二颡根上搠个正着",而且在牛二倒地后,杨志郎朝"牛二胸脯上又连搠了两刀",出刀的目标全都针对要害处,杀人的故意非常明显。宋江在阎婆惜叫一声"黑三杀人"后,也是拿刀"去那婆惜嗓子上只一勒",见阎婆惜还在出声,"怕人不死,再复一刀",索性把阎婆惜的脑袋也割了下来。杀人故意也是极其明显。至于武松杀嫂杀西门庆,完全是有预谋有计划的为自己的大哥报仇,是典型的预谋杀人。

从《水浒传》作者的眼光来看,这三件杀人案件,所杀之人都是该死之人,行凶之人则都是作者心目中的英雄。所以作者要设计出使这三位英雄摆脱死罪的情节,来让对三位英雄充满同情之心的读者满意。

《水浒传》作者设计的途径就是,让三位英雄都得到法官的同情,都被改换了犯罪情节。而且改换情节后适用的罪名一模一样:就是"斗殴杀人"。杨志是"一时斗殴杀伤,误伤人命";宋江是"斗殴误杀";武松是先"与嫂斗殴,一时杀死",后又与西门庆斗殴,致西门庆"斗杀身死"。

三个案件的共同之处都是适用"斗殴杀人",因此判决不用抵命,只要减等免死、刺配就可以了。难道中国古代法律真的是这样,打架打死人的没有死罪?我们耳熟能详的谚语"杀人偿命"有着一个很大的例外?

牢不可破的"杀人偿命"观念

我们看看历史记载,得到的印象就会不一样。比如公元前206年刘邦率军占领秦都咸阳,召集关中父老、豪杰,和他们约法三章:"杀人者死,伤人及盗抵罪。"过去一般都认为刘邦约法三章是废除了秦朝那些"繁如秋荼、密如凝脂"的苛法,把法律简化为这样简单的三章,不过现在一般都认为这约法三章是刘邦争取关中这个原秦国中心地区百姓民心的措施,是约束自己军队的军法。就是说凡刘邦的楚军将士不得以占领军姿态欺压百姓,杀了人的要处死,有伤人或偷盗行为的同样要治罪。史称约法三章使"秦民大悦"。不久项羽率军攻入关中,刘邦避而退往汉中地区。项羽纵军在关中烧杀抢掠,秦民怨恨不已,更怀念刘邦。后来刘邦卷土重来,关中地区成为刘邦和项羽争夺天下的根据地,当地百姓以人力、物力支持刘邦,最终战胜项羽。

从这"杀人者死、伤人及盗抵罪"的命题来看,就可以知道中国远在两千多年前就早已确立了国家权威的刑罚原则,对于人们的生命、身体、财产的侵犯都被视为对于社会、对于国家的侵犯,必须是由国家的刑罚来加以严惩。而且这一原则是如此地深入人心,能够得到即使是敌国百姓的认同和支持。因此后来的一些试图打天下的政治家经常会重复刘邦的做法,在攻入对方领地时就宣布内容相同的"约法三章",比如唐高祖攻入关中、明太祖打到集庆(今南京),都曾有过类似的措施。这就说明,在中国民间,"杀人偿命"是个极其根深蒂固的观念。

战国时代的思想家荀子曾说过:"杀人者死,伤人者刑,是百王之所同。"西汉时为了一件谋杀大臣案,廷尉上奏:"杀人者死,伤人者刑,古今之通道。"这个古今通行的道理,确实一直影响着中国古代的立法者和执法者。

后世法典的主要内容总是人命、贼盗这些重罪。唐律中这方面的条文集中在"贼盗"、"斗讼"(仅计算其中的斗殴部分)两篇,共94条,占了全律定罪量刑条文的21%。明清律中这方面的条文有70条,仍然占18%,而且在乾隆年间的《大清律例》里,贼盗、人命、斗殴类附有394条条例,占了全部条例的39%。说明立法及修订法律的重点始终在这方面。

在司法官员的心目中,杀人、伤人、贼盗也是执法的重点。比如清朝著名的法官刘衡在他的《读律心得》中,认为一部律中,最要紧的只是规定全律定罪量刑基本原则及通例的名例律,以及刑律中的人命、盗贼门,不过那么一百多条而已。当官只要熟读这一百多条律文,就足以应付绝大多数案件。

"斗杀"依然是死罪

中国古代法律对于斗殴杀人,专门分为一类,称为"斗杀罪"。看一下唐律——也就是《水浒传》故事发生时宋朝的法律:"诸斗殴杀人者,绞。以刃及故杀人者,斩。虽因斗,而用兵刃杀者,与故杀同。为人以兵刃逼己,因用兵刃拒而伤杀者,依斗法。"

斗殴杀人(斗殴对方确实已死亡)的,要处以绞刑。如果是使用了刀具、有杀人故意的,处以斩首刑。如果开始只是斗殴、没有杀人故意,后来使用了兵器及刀具伤人致死的,与故意杀人同样处理。只有在被人使用兵器刀具相威逼的情况下,使用了兵器刀具抵挡而致对方死亡的,依照斗杀处理,也就是处以绞刑。总而言之,斗殴杀人和故意杀人(中国古代的"故杀"仅指"临时起意"、临时形成杀人故意的杀人罪,与预谋杀人的"谋杀"为两种罪名)一样,都是死罪,只不过前者是处绞刑,罪犯得保有全尸,可以在阴间面对祖先而已;而后者身首异处,到了阴间也难以得到祖先神灵保护,永远成为孤魂野鬼。

在水浒故事流行的元朝,法律的规定基本和唐宋时期一样,"诸斗殴杀人,先误后故者,即以故杀论。诸因斗殴,以刃杀人,及他物殴死人者,并同故杀"。在斗殴中形成杀人故意的,就算是故意杀人。如果在斗殴中用刀具杀死人的,或者使用"他物"(砖块、木棍等)致人死亡的,都作为故杀处理,罪犯处以斩首。只不过多了一个"烧埋银"的规定,凡杀人者,其家属要支付五十两银子给受害人家属作为丧葬费赔偿。

《水浒传》成书时明朝的法律规定:"凡斗殴杀人者,不问手足、他物、金刃,并绞。故杀者斩。"也就是说,明朝采取了比唐宋元更简单的处理方法,只要是斗殴杀人的,不管是仅仅使用了手足的还是使用了各类器械的,都是处以绞刑。在后来众多律学学者编纂、司法界通行的法律解释上,强调斗杀应该是一对一的斗殴导致的死亡,而且在斗殴中,双方还没有要对方死亡的意图,只是"一人偶尔伤重而死"。如果一方先有杀人之心,与人斗殴并杀死对方的,就是故杀。

明朝法律后来被清朝沿袭,可见斗殴杀人,在唐宋元明清时代,都肯定是死罪,没有什么疑问。

从小说描写的情节来看,杨志杀牛二,牛二是空手,杨志拿刀,那就不是斗殴杀人,而是故杀。这连杨志自己都承认有杀人故意"一时性起"。宋江后来的定罪,是斗殴中一时"失误"杀死阎婆惜,但用刀杀人,在当时也应该算是故杀。武松的罪名就更离奇,和嫂子争吵中用刀"失误"杀死潘金莲,已经离奇;以后还和西门庆一直打斗到狮子桥下"斗杀身死",西门庆始终没有使用刀具对殴。所以即便是开了后门、做了手脚的案件情节,三位英雄的行为都是"故杀",应该判处斩首。而且再退一步讲,就算是"斗杀",只要罪名成立,从当时法律来讲,这三人还是难逃一死。

那么问题又来了,为什么《水浒传》的描写和法律完全不符?

而且历代的读者也都对此不符合法律的故事置若罔闻？愿意接受这样不符常识的故事？

司法上开设的"后门"

仔细想一想，古代法律中的这个"斗杀罪"还是有很大纰漏的。这个罪名没有考虑到斗殴的前因种种，只管斗殴后果，一旦死了人，就要找到一个偿命的，来满足朝廷和民间"杀人偿命"的要求。可是很多斗殴"前因"恰恰是事件的关键，比如杨志卖刀时牛二的挑衅以及殴打，比如武松的兄仇大恨。而且中国古代法律又没有"正当防卫"的具体明文规定，一旦事出紧急，为了防卫正当的利益，失手导致伤亡，都要承担死罪，这难以服众。

要弥补这个漏洞，立法是不行的，如果法律上明文规定"正当防卫"杀人可以减免刑罚，就会有违"杀人者死"的信条。所以唯一可行的，是在司法上采用一些救济措施。这也正是历代皇朝采取的一贯政策。

在唐宋元时代，这个问题并不是像《水浒传》里所说的，只要改成斗殴失误伤人就可以减罪，而是主要采取时常"大赦"的办法。也就是说，法官按照法律先判了死刑，然后逐层上报复审，一直汇总到朝廷，皇帝亲自勾决了，才算是死刑罪名确定，这个过程也就要一年多。而两宋时期，全国性的大赦平均每18个月就会有一次，其他区域性的"曲赦"、针对特定对象的"特赦"也是经常性的。斗殴杀人因为有种种成因,在法律上并不被定为不得赦免的重罪,比如十恶、强盗杀人、放火决水等严重危害到统治秩序的罪名。所以斗殴杀人的罪犯一般都会得到赦免,或者减等发落。就像《水浒传》小说里提到的宋江到案的时候,朝廷已经发布了大赦,他的斗殴杀人罪名已经被大赦令规定可以减等处罚。

以后元朝仍然延续频繁大赦的传统,平均两年多朝廷就发布一次大赦,斗杀罪一般都可以适用大赦令得到减免刑罚。因此元朝的法律也预先考虑到了这一点,明文规定,如果斗杀罪犯遇到大赦可以减等而不被处死的,其要支付给受害人(苦主)的"烧埋银"就要加倍,也就是一百两银子。

以后的明代采用的办法又有不同。明朝发布大赦的频率大大降低,平均每五年多才会发布一次大赦。可是从明英宗天顺三年(1459年)开始,明朝改革了死罪的复审程序。规定在每年霜降节气后,由三法司(刑部、大理寺、都察院)奏请复审全国所有在押等候秋后处决的囚犯,皇帝批准奏请后,下旨召集在京的公侯伯爵、驸马、内阁学士、六部尚书及侍郎、五军都督等最高级官员,并指定由刑部尚书主持,于承天门(即以后的天安门)外举行会审。这称之为"朝审"。如果会审官员认为案件有可怀疑或死因有可怜悯、可宽大之情,即可奏请皇帝暂不予以处决,再加详细审讯。朝审认为原判决无误的,就在当年的秋末处死。

当然,"秋后处决"的死罪一般都是被认为对于统治秩序威胁不大的普通斗殴伤人致死、三犯窃盗之类,重大犯罪的死罪都规定为"决不待时",一经审结即要上报朝廷申请处决令。因此司法界逐渐在法律所规定的死罪后注明是斩、绞"立决",还是斩、绞"监候"(监禁等候朝审)。而"斗杀"就是由"绞刑"改为了"绞监候"。由于在这样的会审中,很注重的就是原来法律所忽视的斗殴前因后果,罪犯往往可以得到减等处理,改为充军之类的处罚,免于一死。

所以,宋元明时代,斗殴杀人的实际结果,往往倒是和《水浒传》里讲的差不多,如果罪犯有自卫或可怜悯之类情节的,一般都可以得到宽大处理,逃过死罪。只是《水浒传》把这个赦免的过程完全略去,直接就由官府的判决来减等发落了。这也反映了民间的普遍看法,就是斗殴致人死亡的,一般不会被直接判处死刑。

从《水浒传》里这三个斗殴杀人的案件,我们可以看到中国古代法律文化的一个微妙的特色:就是立法的原则性很强,高度统一,有很强的传承性,但是在实际司法中,会注意到立法过度强调原则性所带来的一些问题,因此以补救性的司法程序来加以修补。法理与人情在这样的制度安排下获得了协调。

林冲一纸把妻休

被发配无奈休妻

《水浒传》最悲剧的人物之一,最能引人同情的角色,大概算是八十万禁军教头、豹子头林冲了。这位英雄虽然有一个听上去颇为生猛的绰号,可是在小说开头部分却是相当的窝囊。因为他的美女妻子被高太尉的儿子高衙内看中,高太尉设计让林冲背上重罪,刺配沧州。林冲只好凄凄惨惨地和家人告别。

林娘子遭调戏

林冲一纸把妻休

小说第八回"林教头刺配沧州道　鲁智深大闹野猪林"中,林冲考虑前程生死未卜,对岳父表明:"娘子在家,小人心去不稳,诚恐高衙内威逼这头亲事。况兼青春年少,休为林冲误了前程。却是林冲自行主张,非他人逼迫,小人今日就高邻在此,明白立纸休书,任从改嫁,并无争执。"自己先写一纸"休书",与妻子解除婚姻关系,让妻子先回娘家居住,"如此,林冲去的心稳,免得高衙内陷害。"

张教头也体谅林冲的用心:"既然如此行时,权且由你写下,我只不把女儿嫁人便了。"于是林冲口授,由一个写文书的人写下一纸"休书":"东京八十万禁军教头林冲,为因身犯重罪,断配沧州,去后存亡不保。有妻张氏年少,情愿立此休书,任从改嫁,永无争执。委是自行情愿,即非相逼。恐后无凭,立此文约为照。年月日。"

林冲看过一遍,"借过笔来,去年月下押个花字,打个手模"。尽管妻子张氏百般不愿意,哭天抢地,但林冲还是义无反顾地走了。

同样的情节在《水浒传》第一百零二回"王庆因奸吃官司　龚

林　冲

端被打师军犯"中又出现了一次。因为王庆得罪了奸臣童贯,也被安上罪名刺配"西京管下陕州牢城"。就在王庆上路前,王庆的岳父"牛大户"前来送行,给了王庆三十两银子作为路上盘缠,接着就提出条件,说王庆走后,"老婆谁人替你养?又无一男半女,田地家产,可以守你。你须立纸休书。自你去后,任从改嫁,日后并无争执。如此方把银子与你"。王庆只好叹了两口气,"写纸休书"。"牛大户一手接纸,一手交银,自回去了。"

丈夫这样写一纸"休书",无论妻子愿意与否,都可以单方面的结束婚姻关系么?为什么林冲在"休书"上除了画押,还要"打个手模"?这些都是符合当时法律要求的吗?

休妻的法定要件

《水浒传》的这些描写确实非常符合中国古代的法律。至少从秦汉时期的法律开始,历代法律都明确规定,丈夫有权以"七出"这个法定要件单方面休妻,解除婚姻关系。这七个要件,原来是儒家经典《礼记》的说法,后来被法律吸收,比如唐代《户令》规定的"七出"和儒家经典说法一致:"一无子,二淫奔,三不事舅姑,四口舌,五盗窃,六妒忌,七恶疾。"

这七项内容主要是考虑男方的家族祖宗利益。"无子"强调的是没有生养男性子嗣,将使家庭失去祭祀者和继承人。"淫奔"是指与丈夫以外的男性发生性关系,其恶果并非是损害夫妻感情,而是会导致男方宗族子嗣不纯。"不事舅姑",也就是不服从男方的父母,对公婆侍奉不力、有失恭敬。"口舌",是指在男方家族中搬弄是非,离间亲属情义。"盗窃",是指私占男方家族财产。"妒忌",是指不能容忍丈夫纳妾。"恶疾",是指难以医治的疾病,在古人看来是妇女身体不洁净的表现,不能帮助丈夫祭祀祖先。

另外,同样源于儒家经典的法律规定有"三不去",就是对于男方单方面休妻的权利在三种情况下有所限制,分别是"有所受无所归不去,曾经三年丧不去,前贫后富不去"。这是指在妻子的母家已无人、妻子曾与丈夫共同为夫家父母服丧三年或丈夫结婚时原贫贱而出妻时已富贵这三种情况下,即使妻子有七出行为,丈夫仍不能出妻。

古代休书

按照唐代法典《唐律疏议》中的《户婚律》规定,如果休妻不按"七出"的,男方要判处徒刑一年半。女方虽然有"七出",但有"三不去"情况的,只要女方没有犯"恶疾"和"淫奔"的,男方休妻就要承担杖一百的刑事责任,婚姻关系保留。

这些法律规定,在宋元明清时代完全被沿袭下来,所以民间非常熟悉。

休书的形式要件

休妻要有书面文件"休书",按照在日本保留的一条唐代《户令》条文,"休书"应该由丈夫亲笔书写,由儿子、双方父母及兄弟姐妹等近亲属、东邻西邻、见证人署名。如果丈夫不会写字,可以由别人代写,丈夫应该"画指为记"。这里的"画指",是指在书面文件上写好的自己姓名之下,用毛笔画出自己的一根手指(一般是食指)的长度,并在指尖、指节的位置画出短线。也有的是仅仅在姓名后点出指尖及两节指节的位置。这是唐代法定的文件签署方式,无论是民间交易文书、官府诉讼文件,不识字的人都可以用"画指"签署,具有法律效力,所以在当时的民间文书的习惯用语里都有"画指为信"或"画指为验"这样的惯用语。

不过从唐代开始在士大夫之间流行草书签名的习惯,签署文件时将自己的姓名用连笔草写成一个符号,称之为"花押"。"押"或者"画押"就是签署的意思,"花押"就是花体字签名。这个习惯很快扩散,到了唐末五代,民间也逐渐在文书上自己的姓名后面画一个代表自己名字的"花押"。会写字的人写的是自己姓名的连笔草体,不会写字的就照样画一个符号,一般基本的形状为王、五、七这样简单的字形,最常见、最简单的就是画一个十字,称为"十字花押"。

宋代民间采用十字花押签署文书已经成为普遍的习惯,官府对此也予以承认,"遇笔则押,遇印则印,又何拘焉"?(《名公书判清明集》卷九《户婚门》蔡久轩判语)不过花押实在找不到什么确实的个人印记,所以涉及人身的文书,在花押之外,民间还是采用更慎重的签署方式。比如买卖奴婢之类的契约,宋代民间还保留了"画指节"的习惯。而在"休书"上则采用"手模"。

"手模",也就是"掌印",表示要休妻的男方将自己的一个手掌涂上墨汁,然后按在"休书"末尾年月日上或是"休书"的背面。也有的是在文书上画出自己的一个手掌的外廓。这在南宋时已成为民间的惯例。比如南宋的《名公书判清明集》卷九《户婚门》中记载的一个婚姻案件里,"叶四有妻阿邵,不能供养,自写立休书、钱领及画手模,将阿邵嫁与吕元"。这里的"钱领"就是收条的意思,是叶四从后夫吕元那里收到了一笔钱款。可见,就是自己亲笔书写的休书,习惯上也要画"手模"作为签署。

这个"休书"打"手模"的做法,虽然不是法定的要件,但在宋元明清时代的民间极其普及。比如元代戏文《白兔记》里刘知远休妻书:

> 大晋国沙陀村住刘智远,只因身伴无依,每日在沙陀村里放刁,勒要李太公女儿成亲。成亲之后,不合拜死丈人丈母,情知有罪。养膳妻子不活,情愿弃离妻子前去,并无亲人逼勒,各无番(翻)悔。如先悔者,甘罚花银若干若干。若干年月日时。

戏文里还特意说明，先要刘知远"写个花字"，然后又说明"休书要五指着实"。

元明清时代"手模"往往也就是"休书"的代名词，甚至很多不识字的穷人光在纸上打个"手模"就算是"休书"，这在元代还有专门的法律禁止："诸出妻妾，须约以书契，听其改嫁。以手模为征者，禁之。"(《元史·刑法志》)

元杂剧白兔记插图手写休书

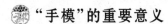"手模"的重要意义

为什么法律没有规定的"手模"会成为民间"休书"的形式要件？

这实际上是民间的一项无奈之举。

被休弃的妇女执"休书"，就可以合法的改嫁他人。如果没有"休书"就改嫁的，就构成法律上的重罪"背夫改嫁"。这在宋代要判处徒二年，到了明清，这就是一项死罪。《大明律·户律·婚姻》规定："若妻背夫在逃者，杖一百，从夫嫁卖；因而改嫁者，绞。"

由于宋元明清时代一般的文书都是由代书人代为书写，当事人"花押"签署，很难看出个人特有的印记。假如男方有意陷害女方,先立"休书",然后反悔,否认"休书"效力,女方就会被控死罪。因此民间被迫形成的防御机制,就是要求男方必须以具有本人明显印记的方式来表示意思。

历代朝廷法律虽然没有明确规定"休书"必须要以"手模"签署,但是法官一般也都承认"休书"上手模的重要性。清朝法官董沛在他的一件判决书中称:"民间卖买田产,只凭花押,离异等事,方有手摹(模),是手摹较花押为更重。"也就是说,一般的财产交易中,只要"花押"签署就可以,但婚姻"离异"的文书,就一定要使用"手模","手模"是比"花押"更为慎重的方式。

写休书"伤天害理"

尽管"七出"规定看上去对于男方单方面有利,不过实际上古代的离婚率还是很低的。在民间观念上,给人写休书的都是要遭报应的。

比如明代作家凌蒙初《拍案惊奇》卷二十"李克让竟达空函 刘元普双生贵子"提到一个故事,说一个秀才因为替人写了一纸休书,终身只考上个举人。那秀才叫萧王宾,给人当私塾教师,经常经过一个酒店。酒店前有一个"五显灵官"的庙,那酒店老板有个晚上梦见那"五显灵官"神灵来找他,要他在庙前立个照壁,说是"萧状元终日在此来往,吾等见了坐立不安,可为吾等筑一堵短壁儿,在堂子前遮蔽遮蔽"。老板真的为小庙修了一堵照壁。照壁落成没几天,萧秀才出门,经过一个村落人家,被请去写了一个"休书"。当晚那酒店老板又梦见"五显灵官",要求他把照壁拆了,"拦着十分郁闷"。老板追问缘由,"五显灵官"说,那秀才"替某人写了一纸休书,拆散了一家夫妇,上天鉴知,减其爵禄",中不了状元了,官位不过和我们相等,没有必要回避他。后来萧秀才果然只中了举人,"因一时无心失误上,白送了一个状元"。

另一部晚明长篇小说《醒世姻缘传》第九十八回"周相公劝人为善 薛素姐假意乞怜",重复了这个故事。还借着书中一个读书人角色的口吻,说:"天下第一件伤天害理的事,是与人写休书,写退婚文约,合那拆散人家的事情。"

当然,最后回到林冲休妻一事本身。林冲手写的休书里并没有提到妻子张氏有违"七出"的任何条款,为什么也可以生效?这就是民间已经对"七出"有了普遍的了解,只要是丈夫写了"休书",就表示妻子犯有"七出",没有必要一一列举。实际上张氏没有给林冲生育儿子,可以构成"七出"的第一条,但林冲深爱娘子,不愿意言明"无子"之痛。所以只是言明被迫休妻,有关休妻应有的"七出"之条就含糊不言了。至于他的美女老婆,虽然百般不愿意,也无奈没有"三不去"的理由,又何况林冲休妻本来也是为了她的未来生计考虑,最后也就只有认命了。

戒石铭与皮场庙

衙门里的石碑

《水浒传》第八回提到开封府衙的景象:"绯罗缴壁,紫绶卓围。当头额挂朱红,四下帘垂斑竹。官僚守正,戒石上刻御制四行;令史谨严,漆牌中书低声二字。"可见衙门里有块叫做"戒石"的石碑,上面刻写的是"御制"——就是皇帝亲自下达的命令,而且这个"御制"针对的是"官僚",要求官僚能够"守正",也就是能够走正道。

小说第六十二回又提到大名府衙里也有这样的戒石。玉麒麟卢俊义的管家李固与卢俊义老婆通奸,当卢俊义吃了冤枉官司被捕入狱后,李固向大名府衙看管监狱兼行刑刽子手的铁臂膊蔡福行贿,拿了"五十两蒜条金",请蔡福设法在监狱里暗害卢俊义。蔡福笑道:"你不见正厅戒石上刻着'下民易虐,上苍难欺'?你的那瞒心昧已勾当,怕我不知?你又占了他家

武夷山发现的戒石碑

私,谋了他老婆,如今把五十两金子与我,结果了他性命。日后提刑官下马,我吃不的这等官司!"

那么,这个"戒石"究竟是什么东西?古代真的在衙门里设立有专门劝诫官僚的石碑么?

由来已久的"官箴"

确实就是这样,戒石是设置在衙门里劝诫官员的"廉政"设施。

由朝廷下达倡导"廉政"的文告,希望官员能够对自己高标准、严要求,这是中国历代王朝的惯例。据清代学者赵翼在所著《陔余丛考》中的专门考证,对官吏颁布种种劝慰、勉励的箴文,其起源很

早。《尚书·商书·伊训》就有"儆于有位"的说法；汉朝大文豪扬雄曾写过《卿尹州牧箴》二十五篇，以后崔骃、胡广又增写《百官箴》。至于在衙门里立石刻碑，将这样的"官箴"来个"广而告之"的，据说首创的是隋朝的何妥，他原来是隋文帝的宠臣，后来被"下放"到龙州当刺史，自己为自己写了《刺史箴》，叫人刻写在石碑上，安在州衙门之外。

这些都是记载于历代正史的，而正史大多是按照儒家观念编写的。实际上法家当权的秦代，也是非常注重这样劝诫官吏的文告的。湖北云梦秦墓出土的秦代竹简中，就有一篇叫"为吏之道"，专门讲述如何当好官。这个文告将近1500字，全面论述做官应具备的素质，提出"吏有五善"，包括"忠信敬上"（忠诚朝廷），"清廉毋谤"（廉洁自律），"举事审当"（谨慎执政），"喜为善行"（多干实事），"恭敬多让"（不争权夺利）。"五者毕至，必有大赏"。同时又告诫"吏有五失"，实际包括了夸夸其谈、不认真办公、犯上、喜欢钱财、傲慢、举措不恰当、多说少干、非议上级等十多项过失。同时出土的还有当时秦朝的南郡郡守向郡内各级官吏发布的"语书"，也是劝诫官吏的文告，其中强调凡是好的官吏"明法律令，事无不能"，精通法律就无所不能；再加上廉洁勤恳，就足以胜任。

然而这些都是流传于一时一地的。流传时间最长、地域最广的就是所谓"戒石铭"了。它是五代十国时期的后蜀主孟昶（934—965年在位）所撰写的，颁发给各地州府。当时全文共二十四句，九十六个字。

朕念赤子,旰食宵衣。言之令长,抚养惠绥。政存三异,道在七丝。驱鸡为理,留犊为规。宽猛得所,风俗所移。无令侵削,无使疮痍。下民易虐,上天难欺。赋与是切,军国是资。朕之赏罚,固不逾时。尔俸尔禄,民膏民脂。为民父母,莫不仁慈。勉为尔戒,体朕深思。

以后北宋灭了后蜀,宋太宗赵炅(匡义)又从中选了四句十六个字"尔俸尔禄,民膏民脂,下民易虐,上天难欺",亲自抄写颁给地方官吏。到了南宋高宗时,又命令诗人、书法家黄庭坚书写,"命州县长官刻铭座右",作为官员的"座右铭"。

后来明太祖朱元璋又下令把这块戒石放大,搬到大堂院落的中央,正对着大堂内长官坐堂的公座,让长官审案时抬头见这儆戒官箴,低头思考天地良心。为了保护这块戒石,往往在戒石上加盖亭子,或把戒石作成牌坊式样。戒石朝南的一面往往刻写"公生明"三个大字,也是儆戒进出大堂官吏的意思。

黄庭坚手书御箴

起点很低的廉政要求

读一下这个"戒石铭",会觉得这个廉政要求的起点很低。简短的四句话,主要是试图激发官员的"天地良心",试图用感化的办法来防止官员滥用权力压榨民众的弊病。铭文的前面两句点出官员收入的来源，希望官员能够对民众有感恩之心；后面用上天施行的因果报应来进行恐吓。对于一个狠心虐待民众、不那么相信报应之说的官员，这个劝诫就没有丝毫的威慑力。

南宋时民间已经有人公然嘲笑这个"廉政"举措，在戒石铭每句之下，各添一句加以嘲讽："尔俸尔禄，难称难足；民脂民膏，转吃转肥；下民易虐，来的便著；上天难欺，他又怎知？"（俞文豹《吹剑续录》）

后世批判这个"戒石铭"最激烈的，是明末清初的思想家王夫之。他在《宋论》一书中专门有一篇文章，集中批判"戒石铭"。王夫之认为，这个铭文是"儒术不明，申韩杂进"，混入了法家思想的夹生的道德宣言，而且破坏了"人道之大经"（做人最基本的道理），"蔑君子之风操"（侮辱了士大夫的情操），还会引导臣民丧失原本应该具有的"忠厚和平之性"，从而斤斤计较于利益、互相仇视。

首先，说官吏的俸禄是民膏民脂，"则天子受万方之贡赋，愈不忍言矣"，把皇帝是最大的吸血鬼的事实说穿了，"是之谓夷人道之大经也"。

其次，皇帝要对官吏说，"吾取民之膏脂以奉汝。辱人贱行，至于此极"，是侮辱了士大夫，"是以谓毁君子之风操也"。

再次，这个说法推而广之，小官认为大官和自己一样是吸血鬼，而儿子也可以说老子是吃他的膏脂了，这样就动摇了整套封建道德，于是"趋利弃义，互相怨怒，而人道夷于禽兽矣"。

又次，戒石铭又公开了"下民"与官吏谁养活谁的道理，"倡其民以嚣陵诟谇之口实，使贼其天良，是之谓导臣民以丧其忠厚和平之性也"。这在王夫之看来是最大逆不道的了。

最后，"上天难欺"四个字，正说明皇帝无法控制贪官，而只能恐吓官吏。而且"敬天，而念天之所鉴者，惟予一人而已，非群工庶尹之得分其责也"，与天打交道的只能是天子一人，怎么可以把这个权力下放呢？因此，王夫之认为，"君天下者，人心风化之所宗也，而可揭此以告天下乎"？可惜他只是个"在野派"，否则一定要砸烂而后快的。

"皮场庙"——极端的治贪手段

确实不能设想古代的皇朝有那么天真，真的以为只要"上天难欺"就足以威慑广大的官员，使之俯首帖耳地遵从朝廷法制。实际上中国历代皇朝很早就制定了严厉的惩罚贪渎官员的体制。

据说远在大舜时代，就已经在创立的五刑中专门设立"鞭作官刑"，使用鞭刑来对付贪渎官员。两汉时期对赃满"十金"（一般认为汉代万钱合一金）以上的贪官，均处以"弃市"的死刑，并禁锢其子孙永世不得为官。对贪官判死刑起点更低的，是南北朝时北魏太武帝的法令，官员"贪赃三匹者皆死"。一匹绢帛价值不过数百个铜钱，也就是说官员接受贿赂只要上千个铜钱就要被处死。

唐代法律规定，贪官受赃枉法（接受贿赂并因此作出违法的决定),赃值价值超过十五匹绢帛的要处以绞刑。可是实际上唐朝司法实践中往往采用"朝堂决杀"的惩罚,将贪官当着文武百官面活活打死。传说宋朝宋太祖传下的政治遗嘱"不杀士大夫",但那是特指"言事之臣",就是向朝廷提意见的文臣不可杀,对于贪渎的官员仍处以"弃市"。

朱元璋像

历史上处置贪官最狠最有名的,就是明太祖朱元璋。他出身寒微,深知贪官赃吏欺压百姓、激起人民强烈反抗的道理,因而对赃官处罚极其严酷。据元末明初人叶子奇写的《草木子》记载,明太祖时,凡是地方官"贪酷"者,允许当地百姓到南京向朝廷"陈诉",查实官员受贿至六十两以上者,"枭首示众,仍剥皮实草"。在全国的府、州、县衙门都设立一个小小的土地庙,平时祭祀土地神,有了贪官,就将贪官在这个土地庙里处死,脑袋挂在衙门门口的高杆上示众,尸体剥皮,并将剥下来的人皮包裹在一个草人上,做成一个"皮囊袋",悬挂在官员公座的旁边,让下一任官员"触目惊心"。那个土地庙,因此被称为"皮场庙"。叶子奇本人就曾为小吏被牵连下狱过,对这场面有亲身经历,大概不会吹牛。如此看来,明初官府前面的戒石铭、皮场庙,一文一武、一德一威,双管齐下,官吏们胆战心惊,政治还算比较清明。明朝陆容写的《菽园杂记》中,一个太仓老和尚智睐谈明初:"洪武年间,秀才做官,吃多少辛苦、受多少惊怕,与朝廷出多少心力,到头来小有过犯,轻则充军,重则刑戮,善终者十二三耳!"清赵翼在《廿二史劄记》中也说,明初"崇尚循良,小廉大法,几乎两汉之遗风,且驾唐宋而上哉"!其认为洪武时期简直比得上"文景之治",比"贞观之治"还要好很多。

软硬两手总失效

历代朝廷用这软劝硬逼的两手整顿吏治的目的,一是要官吏们依法守法,不要过度剥削,超越朝廷尺度,避免"土崩"的现象,迅速激化社会矛盾。二是要避免对方官员腐化堕落,使封建官僚行政体制不能正常运转,造成上下隔绝、尾大不掉之势。三是为了欺骗人民群众,造成"天子圣明"的思想,传播"好皇帝"的理想。第四,也是"家天下"的守财心理,正如黄宗羲在《明夷待访录》里说的"利不欲其遗于下,福必欲其敛于上"。

根据宋代笔记《北梦琐言》记载,后唐明宗李嗣源审理一个赃官,侍卫使张从实为这个贪官求情。李嗣源说:"食我廪禄,盗我仓储,苏秦复生,说我不得。"索性将张从实和那个赃官一起砍了头。这个故事很能够说明,在皇帝眼里,"贪污"要比"纳贿"可恶很多。因此在明清的法律里,"监守自盗"罪名要比"受财枉法"

罪名处罚重得多,前者赃满四十两就要"处斩",而后者赃满八十两"处绞"(绞刑因可以保留全尸,被认为比身首异处的斩首要轻一个等级)。

然而,皇帝、官僚都是仰仗政治权力压榨社会的利益集团,并没有根本冲突。皇帝的第一要务是防止有人篡夺天下,而吏治的贪或清并不马上直接影响到朝廷统治。因此历代惩治贪官总是前紧后松,雷声大雨点小,最多只是在建朝之初大张旗鼓地搞上几十年,以后很快就以"道德感化"为主了。如东汉法律规定赃官要禁锢其子孙,可到了安帝时,刘恺援引《春秋》之义,"吾善善及子孙,恶恶止其身",请求朝廷停止禁锢贪官子孙。以后这一意见居然被朝廷接受。宋朝建立三十多年后就停止实行贪渎官员的弃市法,改为流放。而杀贪官最起劲的朱元璋一死,"皮场庙"、"皮囊袋"之类恐怖政策就停止施行,受赃枉法官员的死刑处罚渐渐减等为流放。到了六十多年后的宣德年间,又改为"杂犯死罪",允许出钱赎罪,等于宣告无罪了。

因此,《水浒传》里,屈从高太尉意旨、枉法裁判林冲案件的开封府衙门,大贪官梁中书把持的贿赂公行的大名府衙门,作者描写时都特意提到"戒石",未尝不是一种具有讽刺意义的描写。

宋江"典"得阎婆惜

阎婆惜是宋江什么人？

《水浒传》第二十回"虔婆醉打唐牛儿　宋江怒杀阎婆惜"里，阎婆惜要挟宋江的三项条件，第一件就是"你可从今日便将原典我的文书来还我，再写一纸任从我改嫁张三，并不敢再来争执的文书"。原来宋江这个小老婆是"典"来的。

后来宋江杀死阎婆惜后，阎老婆子到衙门喊冤告状，也是说：

"老身姓阎。有个女儿,唤做婆惜。典与宋押司做外宅。"第三十六回,宋江在江湖上躲了几年,最后被捕时,亲笔供招:"不合于前年秋间典赡到阎婆惜为妾。为因不良,一时恃酒,争论斗殴,致被误杀身死,一向避罪在逃。今蒙缉捕到官,取勘前情,所供甘服罪无词。"

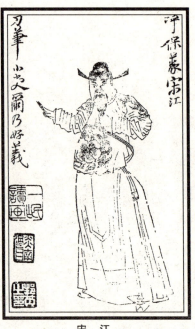

宋　江

往前翻回去,就在这部小说的第二回"史大郎夜走华阴县　鲁提辖拳打镇关西"提到渭州恶霸镇关西郑屠的恶行。这个开肉铺的郑屠,见外地流落来本地的金家父女生活困难,"强媒硬保",要金家女儿"作妾"。"写了三千贯文书,虚钱实契",把金家女儿带回家中。可是不到三个月,郑屠的大娘子"好生利害",又将金家女儿赶打出来。郑屠要讨回"原典身钱三千贯",而金家原来并没有拿过他的钱,"当初不曾得他一文,如今那讨钱来还他"?郑屠还将金家父女扣留在旅店里,逼迫金家女到酒楼卖唱,"来这里酒楼上赶座子,每日但得些钱来,将大半还他,留些少父女们盘缠"。军官鲁达为金家父女打抱不平,放走了金老父女,三拳打死了这个作恶的"镇关西"。

拳打镇关西

宋江"典"得阎婆惜

为什么《水浒传》里提到的这两个妾都是"典"来的？

"典身"、"卖身"大不同

这些小说里出现的"典身"，是中国古代民间特有的一种人身交易，一般叫做"典雇"。就是一方与另一方订立契约，得到一笔现金后，甘愿自己到另一方家里服役一定的年限，在年限期满后，一方如果能够偿还原来数额的现金，就可以自由回家。

这种交易在中国历史上源远流长，很早就有了类似的民间习惯。在东晋南朝的时候，民间这样的交易称为"贴"。比如《宋书·何承天传》记载，南朝刘宋时，江陵有个叫尹嘉的，在外面欠了很多债，母亲熊氏为了替他还债，自愿"以身贴钱，为嘉偿责（债）"。因此尹嘉被官府逮捕，被判处死刑。正好何承天到江陵担任官员，参加这个案件的讨论。何承天反对死刑判决，认为法律允许在儿子"违犯教令，敬恭有亏"的情况下，父母可以请求官府处死儿子。但尹嘉的母亲非但没有要求处死儿子，反而是苦苦为儿子求情。基层官员先是按照不孝罪来处理案件，后来又按照儿子"和卖"母亲的罪名来判刑，"倚旁两端，母子俱罪"，是苛求人罪。他建议作为无罪释放，正好这时朝廷发布大赦，尹嘉母子都得以免罪回家。同书的《孝义传》记载公孙僧远在弟弟死后，因为家里太穷无法安葬，他"身贩贴与邻里"，为邻里服役借到一笔钱为弟弟营葬，后来又靠自己的劳动自行赎身，恢复自由。《昭明文选·奏弹刘整》也有一段故事,说刘寅以一名奴隶"贴钱七千",后来又以钱七千赎回。

　　隋唐统一后,"贴"就比较少用,提供某件财物或人身给债权人作为担保的行为都统称为"质"。但到了初唐以后,"质"又往往以"典"来代替。这很有可能是为了避唐高宗李治的音讳。李治于649年登基,683年去世,以后武则天又长期执政至705年,夫妻两人的统治时间长达56年,这一时期官私文书凡提到"治"都改用"理",而"质"也往往改用"典"。"典"字原意是经典、重要制度以及掌握管理;用在表示财产上,表示的是占有、掌管、使用的行为,是从财产的接受方而言的,可以表明接受方对于财产的占有、掌管、使用是正当的。因此"典"字似乎更具有"权利"的意思在内,从而迅速被社会接受,使用频率越来越高,原来的"以身贴钱"、"卖儿贴妇"交易也逐渐以"典"统一命名。如敦煌出土的几件只有干支纪年、没有年号的"辛巳年典儿契"、"乙未年典儿契"、"癸卯年典身契"、"乙未年赵僧子典儿契"等,说明人身的出典已经成为民间的惯例。

　　大概是为了和财产的"典"相区别,到了宋朝,这样的行为一般称为"典雇"或者"雇"。南宋的《名公书判清明集》里记载了几个有关的判例,如"卖过身子钱"一案的判决,提到一个"阿陈之女",两年前"雇与郑万七官者",价钱是二百二十贯"旧会"(纸币),契约规定的"雇期"是七年;可是两年不到,又被雇与"信州牙人徐百二";徐百二又将阿陈之女转雇给铅山陈廿九,雇价七百贯;过了六个月,陈廿九再将阿陈之女转雇与"漆公镇客人周千二"。可惜现存的版本中这个判决有缺页,不知道究竟官府是如何对这些转手交易进行定性与处理的。另一件"官族雇妻"案件中,法官(号天水)判决中引用了一条法律:"在法,雇妻与人者,同和离法。"意思就是将自己妻子雇与他人的,婚姻关系就如同"和离"(协议离婚)一样宣告结束,允许妻子另行改嫁。

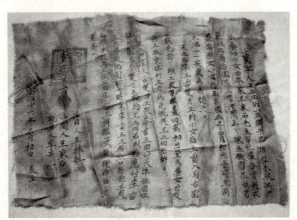

民国时期的卖身契

"典雇妻女"系违法

尽管民间常见这类人身典雇的交易,但这种交易却往往是古代的法律禁止的,尤其是"典雇妻女"行为。

比如《元史·刑法志》记载的元代法律,一般的人身典雇交易是被法律认可的。只是如果罪犯要被处以全家人口"籍没"(没收归官)时,家长将自己的子女、奴仆等私自出典或出卖给他人的,就要被追回人口,交易作废,价钱交还给不知情的买方。还有就是地主不准将佃户典雇与人。法律禁止的是女性人口的典雇,规定"诸以女子典雇于人,及典雇人之子女者,并禁止之"。原则上来说,不允许典雇妇女及子女,可是紧接着一条法律又规定假如是典雇后"愿以婚嫁之礼为妻妾者",就是被允许的。不过如果是丈夫接受他人钱财而将自己的妻、妾典雇于他人的,这是要禁止的。夫妇一起典雇于他人,又是可以允许的。

到了《水浒传》成书的明朝,法律明确将"典雇妻女"列为犯罪,凡是将自己的妻、妾典雇与人为妻、妾的,丈夫要被判处杖八十;如果父亲将女儿典雇于人的,父亲要处杖六十。如果是与妻、妾串通好,将妻、妾假冒自己姐妹典雇于人的,要加重处罚为杖一百,妻、妾也要处杖八十。知情而典娶他人妻、妾的,要按照同样犯罪处罚,妻、妾与本夫离异,归还娘家;女儿归宗(回到娘家),已经交付的财产全部官府没收。不知情的典娶者无罪,可以追回交付的财产,但必须与女方解除关系。

因此按照明朝的法律,《水浒传》中金老将自己女儿典给镇关西,是应该判处杖六十的犯罪行为;而镇关西典雇他人女儿,可以视为合法,但"虚钱实契"(就是将原有的债务折抵典身的价钱),却也是要判处杖八十的犯罪。同样,阎婆子将女儿典给宋江,作为家长也是犯罪行为。

禁止不了的"陋俗"

可是法律本身并不能解决社会问题。中国古代社会整个经济两极分化严重,穷人的穷困程度难以想象,一旦发生天灾人祸——比如身患重病、水旱灾害、战乱等,就是急需现金的时候;另外,即便没有天灾人祸,传统习俗要求的婚、丧两件大事,也往往使得穷人急需现金。此时只能向有钱的财主告贷举债,可是大多数农民家庭没有足以抵押的不动产,比如属于自己的房屋土地,也没有能够质押的值钱的动产,比如牲畜、家具,这时,家庭成员就可能被"典"出去做债务的担保。和单纯的借贷高利贷相比,"典雇"可以不至于背上沉重的利息,只要归还了原来金额的债务——典价,就可以赎回人身。

明代很多公开出版的文书格式书籍也公然载有这项违法交易的文书样本,比如《新编事文类纂启劄青钱》就有"典雇女子书式":

某处某人,有亲生女名某姐,见年几岁,不曾受人定聘。今为日食生受,托某人为媒。情愿将某姐雇与某人宅为妾,得财礼若干。所雇其女,的系亲生,即非诱引外人女子,于条无碍。如有此色,且某自用知当,不涉雇主之事。如或女子在宅,恐有一切不虞,皆天命也,且某更无它说。今恐无凭,故立典雇文字为用者。

年月日　　父亲姓某押　　媒人姓某押

在这个格式文书里,首先值得注意的是出典方、也就是女子的家长要保证出典的女子是自己亲生的,"的系亲生",而不是拐卖的,来历是清白的,没有触犯法律的情况。万一在交易后发生这类情况,由出典方负责解决,和"雇主"没有关系。其次,如果女子在"雇主"家里发生伤病死亡之类的事故,"一切不虞",都视为女子的"天命",女子的家长不得有赔偿之类的要求。也就是说,这个文书排除了几乎所有的"雇主"的风险和责任,"雇主"除了出那一笔典雇的钱以外,不用承担任何的义务。

陆

人命案件的"五大要件"

"尸、伤、病、物、踪"五要件

《水浒传》第二十五回"偷骨殖何九送丧 供人头武二设祭"里描写武松出差回来,打听得哥哥武大郎被嫂子潘金莲和奸夫西门庆害死,找到了旁证,到衙门告状:

次日早晨,武松在厅上告禀,催逼知县拿人。谁想这官人贪图贿赂,回出骨殖并银子来,说道:"武松,你休听外人挑拨你和西门庆做对头；这件事不明白，难以对理。圣人云：'经目之事，犹恐未真；背後之言，岂能全信？'不可一时造次。"狱吏便道："都头，但凡人命之事，须要尸、伤、病、物、踪，五件俱全，方可推问得。"

这里的"但凡人命之事，须要尸、伤、病、物、踪，五件事俱完，方可推问"，确实可以称之为中国古代法律处理人命案件的"五大要件"，官府处理人命案件，必须要具备这五个方面的证据。这五个要件，"尸"，是指尸体；"伤"，是指经过尸体检验以后发现的致命伤痕；"病"，也是指经过尸体检验后发现的致死的病因；"物"就是指物证，尤其是指发现有致命的凶器；"踪"，就是指已经具有证人证言等足以证明行凶情节的踪迹。很显然，在这五大要件里"重中之重"的，就是尸体，没有尸体，其他的要件要么是根本不成立，要么就是证明力不过硬。

在这人命案件的"五大要件"里，显然"伤"与"病"都必须要经过检验才能证明确实存在。而如果没有尸伤的检验制度来统一检验的程序和方法，那么"伤"、"病"也就难以确认。另外在古代条件下，也有很多"伤"、"病"检验不出来，还必须要结合"物"和"踪"来确定。

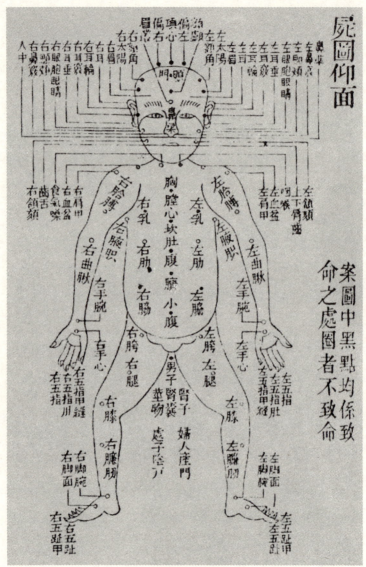

检验尸体的尸图

无尸难以受理杀人案

在《水浒传》故事发生的宋代社会里,确实存在着这样严格的司法原则,杀人案的审理,必须有尸体可验,没有尸体就难以作为杀人案的性质来受理。在南宋人郑克写的《折狱龟鉴》一书里,就记载了这样一件真实的案件。

北宋景祐年间(1034—1039年),福州长溪县(今福建省霞浦县)靠海边的一个村子里,有个老太太的两个儿子出海打鱼失踪了。老太太一口咬定是村子里某户人家谋杀了自己的儿子,到县衙门喊冤告状。县衙门的官吏们都很犯难,对老太太说:"海里经常有风浪,怎么知道你的两个儿子不是淹死的?况且就是被人杀死的,如果找不到尸体,依法也不能作为杀人案件来受理。"

刚到县衙门任职不久的县尉(负责治安和刑事侦查的县级官员)蔡高却很同情这个老太太。他是新科进士,按照宋代任命官职的惯例,中进士后往往先任命为县尉,以熟悉司法事务,因此这是蔡高的第一个官职。他觉得从这个老太太的脸色来看,确实是有冤仇的样子,不可不受理案件。于是他暗中进行调查,果然发现老太太所指控的那户人家确实有杀人的动机,也有作案的可能。他就受理了案件,和老太太约定:"耐心等待十天,如果十天内找不到尸体。我甘愿为你接受缉捕杀人犯有误的惩罚。"

蔡高在海边等到七天,海潮真的将那两个失踪儿子的尸体推到了岸边,蔡高立即主持检验,发现两人身上都有致命伤口。他下令逮捕老太太指控的那户仇人,严加审讯,那仇人都认罪伏法。蔡高因此案声名大振,被长溪百姓奉为神明。

无尸不能直接判决杀人案

如果没有发现尸体,即使有其他的旁证材料,仍然不能直接定罪。实在被认为是需要定罪的案件,一般的官员无权处理,可以作为"疑案"上奏朝廷处理,由皇帝来亲自处理。而皇帝处理的总原则,仍然是采取没有发现被害人尸体的案件,处理就要非常慎重,尽可能不判处死刑的态度。

北宋初年有个著名的文臣钱若水。司马光在笔记《涑水纪闻》里记载了钱若水闻名朝野的一件案件。

钱若水中进士后,担任了同州(治所位于今陕西大荔)的推官(辅助长官进行审判的低级官员)。他的长官、同州的知州是个很主观又很性急的人,往往按照自己的想法想当然的进行裁判。按照中国古代的法律,法官判错了案件也要反坐,号为"出入人罪",如果是故意错判的要实际反坐受罚,但如果是过失错判的,就是比照应该判的刑罚缴纳一定数量的铜钱,叫做"赎铜"。参与案件审理的所有官员也都要连带受罚。钱若水经常为了案件曲直和知州发生争论,情急之下就说:"那么就要奉陪长官一起赎铜了。"以后案件真的如钱若水所言被朝廷作为错案驳回来,所有的州官都要赎铜。那知州只好向大家道歉,可是过不了多久又不愿意接受意见,一意孤行。

一次,本地发生了一件这样的案件:有个富裕人家的小女仆逃亡了,找了几天找不到。那女仆的父母向州衙门起诉那户主人杀死了自己的女儿。知州把这个案子交给州里的另一个录事参军(也是司法方面的低级官员)处理。恰好那录事参军曾经向这户富裕人家借钱而没借到,心有余恨,于是就指控这富户的父子同谋作案,杀死女仆,抛尸大河。尽管尸体找不到,录事却仍然将父亲判作首谋、几个儿子全都行凶,都是死罪。那富户熬不过刑讯,被迫认罪。录事将案件报告知州,知州亲自审问后觉得事实已经搞清,按照当时制度,应该由其他的官员来草拟判决,知州就交给钱若水定案。

钱若水接受案件后,几天没有动静。那录事参军到钱若水的办公室来责问,说:"你是不是拿了这户富户的钱,想让他们摆脱死罪吗?!"钱若水赔着笑脸说:"这个案子要几个死罪,不是应该更加慎重些,仔细看一下卷宗吗?"仍然不做判决。十多天了,还没有定案,知州催了几次,钱若水不为所动。全衙门里的上下官员都觉得奇怪。

有一天钱若水突然去拜见知州,说:"我所以把这案子压下来,实际上是在暗中派人寻找这个女仆,现在终于找到了。"知州吃惊地问:"现在哪里?"钱若水派人把那个女仆秘密送到了知州的府上。知州把这个女仆藏在门帘后面,把那女仆的父母找来,问道:

"你们今天见女儿会不认识吗?"那父母回答:"怎么可能不认识自己的女儿。"知州就把那女仆推出门帘给他们看,父母见了都流泪,说:"这确实是我女儿。"知州立刻派人把那户富户在押的父子都提出来,打开枷锁让他们回家。那些人感激涕零,哭着说:"没有青天大老爷,我们家就要灭绝了!"知州说:"这是推官的功劳,不是我恩赐你们的。"那富户都到钱若水住处来表示感谢,钱若水把门关得死死的,不放他们进去,说:"这是知州大人亲自办的案子,是他查清楚的,与我没有什么关系。"那些人没办法进门,只好绕着钱若水的住处大哭一场。富户拿出全家的财产,送到寺庙里为钱若水祈福。

知州因为钱若水能够平反几个人的死罪冤案,打算向朝廷请功。钱若水百般推辞,说:"我只是为了处事公正,不要有人因冤枉而死,论功劳不是我的本心。而且朝廷要是将这件事作为我的功绩,那么将会把录事参军如何处置呢?"知州叹服,感叹说:"这样的眼光就更加不可及了!"录事参军来见钱若水,叩头道歉,钱若水说:"案件的情节最难弄清,你这是偶尔出错,不需要道歉。"这件事后来传了开去,大家都称颂钱若水。宋太宗也听说了这事,立刻提拔钱若水,从一个州的辅助官员,一下子就提拔到为皇帝起草诏令的"知制诰"官职。又过了一两年,就提拔钱若水为参与掌管军政大权的"枢密副使"。

"死不见尸"要慎重

天圣五年(1027年),《续资治通鉴长编》总结北宋仁宗时的法制状况,说是当时洞庭湖上常发生抢劫商船案,盗匪将受害人一概杀死后扔到洞庭湖里,这类案件即使被破获,抓住了罪犯,可是"以所杀尸飘没无可验",仍然没有办法定案。只好上报到朝廷。而皇帝也要积阴德,往往宣布以"疑案"来结案,罪犯只是按照被怀疑的罪名宣判死罪,但并不确实执行死刑,而是减等改判为流放、刺配远恶军州等替代死刑的刑罚。后来在这一年,李若谷担任潭州(治所在今湖南长沙,辖区至洞庭湖湖区)知府,他发现本地有一些从流放地或刺配地潜逃回来的罪犯屡屡作案,手段残忍,大多是以前那些在洞庭湖杀人抢劫而没有定成死罪的惯犯。他秘密部署破案,抓获后将这些人以前后几件杀人案一起上报,判处死刑,并在市场上公开执行凌迟处死酷刑。

宋代的这项司法原则表现了"慎刑"的思想。受害人"死不见尸",很可能是失踪了,将来有一天受害人活着回到家乡,而加害人却已经被处死,那个错误是无法挽回的。而且如果是受害人故意逃亡以图使加害人背

宋慈像

负死罪的,那就更容易造成冤案。因此宋代在司法上强调死罪案件应有受害人尸体,并且经过尸体检验得到受伤害死亡的结论,才能判定死罪。

正因为宋代司法强调在人命案件中注意不使犯罪嫌疑人受到冤枉,因此大宋提刑官宋慈把自己有关尸体检验的专门著作命名为《洗冤集录》。他在这本书的序言里说:"狱事莫重于大辟,大辟莫重于初情,初情莫重于检验"——司法审判事务中最重要的是处理死刑案件,而死刑案件的处理中最重要的是搞清犯罪情节,搞清(死刑案件)犯罪情节最重要的就是检验尸体。他说尸体检验这件事是"死生出入之权舆,直枉屈伸之机括"——(犯罪嫌疑人)生存死亡、是否犯罪的权衡依据,纠正冤枉、平反冤屈的关键。

没有尸体时皇帝"说了算"

南宋时期,没有发现尸体的人命案件必须经过皇帝批准的原则也仍然保留。《文献通考·刑考》里记载了南宋高宗时候一件著名的案件:宣州(今天的安徽宣城)的百姓叶全三,与人结伙偷了一个名叫檀偕的地主藏在地窖里的钱财。檀偕发现后,指使他家的佃农阮授、阮捷杀死叶全三等五人,把尸体扔在了河里。

案件破获后,按照法律檀偕等人应该要处以斩首的死刑。可是因为打捞不到尸体,没有经过尸检程序,当地官府认为仅凭口供、人证无法确认罪名,为此上报到朝廷请求由皇帝裁决。

大理寺、刑部为宋高宗草拟的判决是将阮授、阮捷判处脊杖并流放三千里；檀偕也免除死罪，改为脊杖配琼州（今天的海南岛）。这个草拟的判决却被为皇帝起草诏书的中书舍人孙近驳回。原来孙近曾任浙东提点刑狱，曾经处理过一个绍兴百姓俞富因"捕盗"而杀死盗贼以及盗贼的妻子的案件。孙近当时上奏，认为俞富和那个盗贼别无私仇，可以免其一死，得到了宋高宗的批准。大理寺就是根据这个判例才为宋高宗草拟了这个判决。孙近在驳回大理寺草拟意见的公文中指出："俞富案件中俞富是持有本县的通缉令去逮捕盗贼，盗贼拒捕，因此俞富才杀死拒捕之人及其妻子。而檀偕是私自发威，而且居然杀死五条人命，犯罪性质完全不同。"

宋高宗下诏再由御史台"看详"（提出意见）。侍御史辛丙等人认为："檀偕是故杀，众证分明；而且关于这类案件已有最近下达的一系列申明条法，不应上报奏裁，应该按法处理。"这个看详的意见显然是支持了孙近的观点。

孙近又进一步要求追究宣州地方官员"观望"之罪。宰相朱胜非则建议："疑狱不当上奏而轻率上奏的，法不论罪。"宋高宗说："宣州官员可以赦免，如果加罪的话，将来案件真的有疑问的也不敢奏陈了。"于是下诏檀偕按照故杀罪处死，负责此案的大理丞、大理评事以及刑部的郎官，都以公罪（工作出差错）赎金处罚。

立法导向的考虑

不过上文提到的"无尸不能定杀人案"的法律原则并不是在宋代法典里明文规定的,它只是司法界的一个惯例,是一个审理的原则。在现在可以看到的宋代最初的法典《宋刑统》里,并没有这样明确的条文。而且不仅是宋代,中国古代任何一个朝代的法律都没有这样硬性的法律明文规定。因为法律规定也是会产生"行为导向"的,立法者考虑到,如果有了这样的明文规定,万一"启发"了凶徒毁尸灭迹,比如王婆、西门庆那样残忍地将武大郎尸体火化,或者是如北宋洞庭湖匪那样将受害人尸体沉入深渊,那又是多坏的"社会影响"。

和宋代情况相仿,历代法律从不明文禁止"死不见尸"人命案件的起诉,只是在受理诉状时不提倡直接以"杀人案"起诉,且在最后定案的时候必须要有尸体检验报告。因此《水浒传》里官吏以"无尸"作为驳回武松起诉的理由实际上应该是不存在的。

从《水浒传》里提到的人命案件这"五大要件"及其相关的司法原则,我们可以看到中国古代的立法和司法,不仅考虑到了法律的可操作性,更注意到法律对于社会大众行为的引导性,显示出一种相当谨慎的态度。

金 瓶 梅

- 壹 武大郎捉奸
- 贰 公道与人情的博弈
- 叁 "合同"与"契"大不同
- 肆 买房不如"典房"
- 伍 武松能否娶金莲
- 陆 古人讨债难讨息

武大郎捉奸

第一反应躲床底

《金瓶梅》里武大郎捉奸,是大家都熟悉的情节。

小说第五回"捉奸情郓哥定计 饮鸩药武大遭殃",说自从西门庆与潘金莲在王婆茶坊勾搭成奸后,街坊上逐渐有了些传言,武大郎也有些觉得不对劲。后来街上卖水果的小伙子郓哥,到王婆茶坊找西门庆,被王婆打出来,郓哥气不过,去找到武大郎,和武大郎商量一起去"捉奸"。

小说里描写这两人商议,郓哥分明已经估计到"那西门庆须了得!打你这般二十个。若捉他不着,反吃他一顿好拳头。他又有钱有势,反告你一状子,你须吃他一场官司,又没人做主,干结果了你性命"!可是他出的主意,仅仅是引开王婆,由武大上楼"捉奸"。对于西门庆动手反抗仍然毫无防备,也没有设想引来众人围观之类的作为"捉奸"的证明,还是两个人赤手空拳前往。

作者设计武大郎和郓哥这样没有见识的"捉奸"计划,很自然的带出悲剧结果。不过有个细节还是值得注意。就是当郓哥按计划纠缠住王婆、武大郎跑进王婆茶坊,直奔二楼时,王婆叫得一声"武大来也"!"那妇人正和西门庆在房里,做手脚不迭,先奔来顶住了门。这西门庆便钻入床下躲了。"

顶门的是潘金莲,西门庆的第一反应却是钻进床底。能够保持冷静的还是潘金莲,她一边顶着门,一边骂西门庆:"你闲常时只好鸟嘴,卖弄杀好拳棒,临时便没些用儿!见了纸虎儿也吓一交!"西门庆这才回过神来,从床底下钻出来,说:"不是我没这本事,一时间没这智量。"于是西门庆拔开门,踢倒了武大郎,自己就逃走了。

为什么人高马大的西门庆听见一声"武大来了",第一反应是要往床底下躲?被武大"捉了奸"有什么严重的后果吗?

武大郎捉奸

杀奸披红的小鸦儿

先不忙回答这个问题,先看一下其他小说的描写。

明末清初小说《醒世姻缘传》第十九回"大官人智奸匹妇 小鸦儿勇割双头"。说的是无赖官宦子弟晁源,所到之处尽干坏事。在父亲死后,来到山庄收租,结果勾搭上了租他房子居住的皮匠小鸦儿的老婆唐氏。皮匠小鸦儿察觉自己老婆和晁源通奸,也不声张。有一天假意说是要到姐姐家给姐姐做生日,夜间溜回家中,正见晁源和唐氏睡在一起。小鸦儿上去先用皮刀割了唐氏的脑袋,再拉住晁源的头发,拎上两拎,晁源被拉醒后连声求饶,"银子就要一万两也有"!可是还是被小鸦儿割了头。

小鸦儿把两个人头连在一起,连夜赶到县城衙门去自首。天亮后,衙门口围观的百姓们都夸说:"小鸦儿是个英雄豪杰!"等到县官升堂,问清情况,又派人勘查现场后,当堂"断十两银子与这小鸦儿为娶妻之用"。小鸦儿不要,说"要这样的脏钱那(哪)里去使"。于是县官下令,打了小鸦儿二十板,"与他披出红去"。小鸦儿挑上皮匠担子扬长而去。

从今天的眼光来看,小鸦儿杀死两条人命,居然毫不受罚(打二十板是给他"见红",驱除可能跟随其后的鬼魂,不算处罚),县官还要奖赏他银子,这实在是太奇怪了。可是这在明清时期却是被认为再正常不过的,因为当时的法律明文规定:妻妾与人通奸,本夫于通奸场所当场亲自捉获并杀死奸夫、奸妇,可以无罪。但是如果丈夫报告官府,捉拿到奸夫奸妇,按照法律却只能各处"杖九十"(打九十下板子)而已。

来自蒙古草原的法条

说起来这条法律倒不是中原地区的传统。唐宋时的法律规定的是通奸罪双方各处两年徒刑,如果丈夫擅自杀死奸夫或者奸妇,仍按故意杀人处罚。后来蒙古族建立的元朝改变了传统的法律,规定丈夫在通奸场所当场杀死奸夫及妻妾可以无罪,而捉奸告官不过是处奸夫奸妇杖七十七而已。这一条或许是来自于蒙古族的习惯法,在草原文化传统中视通奸为触犯禁忌的大罪。但是输入到中原地区,分明就是鼓励民间以私刑解决通奸问题,尤其是把执行刑罚的权力交给了丈夫个人,允许杀人泄愤。所以实在算得上是一条很凶恶的法律。

奇怪的是这样一条恶法竟然被明清律全盘沿袭。只是略作调整,规定只能是丈夫自己亲自动手杀奸才可以无罪,如果是其他人,即使是丈夫的兄弟——比如武松来帮武大郎杀死西门庆和潘金莲,仍旧要按照普通的故意杀人罪处罚。

同样不可思议的是,法律同时仍然规定,凡"和奸"行为,只处杖八十,像潘金莲这样的有夫之妇,处杖九十,"和奸"男女同罪,也就是说西门庆也是杖九十。"奸妇从夫嫁卖",这大概算是最严厉的处罚。不过"其夫愿留者听"。只是不准"嫁卖与奸夫",否则"奸夫、本夫各杖八十,妇人离异归宗,财物入官"。由于这一条法律规定,"其非奸所捕获及指奸者勿论",也就是说一定要丈夫当场"捉奸在床",案件才能被受理。所以民间有"捉奸捉双"的说法。

所以按照当时法律,武大郎完全可以冲进去当场杀死西门庆和潘金莲。因此西门庆没有办法推断武大郎是来"捉奸"还是来"杀奸",总以为武大郎是要来杀他们,所以他的第一反应是躲床底下去。后来是更为冷静的潘金莲,估计到门外的武大郎既没有那个魄力和胆量,也没有那份体力和武功,于是叫西门庆冲出去打武大郎。

在司法实践中,不少地方司法官员认为这种杀奸是对伤风败俗的有力制止,也会出来兴波助浪,不仅会当场表彰杀奸的丈夫,有的还会像《醒世姻缘传》那个县官一样,拿出官府钱财来奖励杀奸者。

捉奸杀奸成风气

元明清的法律既然鼓励私刑,民间风俗演变为捉奸并杀奸才为好汉,能够一举杀死奸夫奸妇的丈夫被誉为"义士"、"好汉",而本夫不能手刃奸夫奸妇就会被人百般嘲笑。反映在文学作品中类似的故事不胜枚举。仅举几个最著名的故事:

元代剧作家李文蔚的《同乐院燕青博鱼》,写燕青下梁山疗疾,与燕大结为义兄弟。燕青发现燕大妻子王腊梅与杨衙内通奸,与燕大前去捉奸,不料杨衙内翻窗逃走,燕大要杀王腊梅,而王腊梅争辩"捉贼见赃,捉奸见双",正混乱中,杨衙内带了巡兵回来,反将燕大、燕青以杀人贼拿下,打入大牢。

另一位元代剧作家杨显之的《郑孔目风雪酷寒亭》,写孔目郑嵩得知自己妻子与人通奸,立刻决定"今夜晚间越墙而过,把奸夫淫妇都杀了罢"。结果奸夫逃走,只杀死自己妻子,因"拿奸要双,拿贼要赃",被判为"无故杀妻妾",迭配沙门岛。半路上差点被奸夫高成害死,多亏义弟宋彬搭救。

明人编辑的《清平山堂话本》所辑早期话本故事《刎颈鸳鸯会》里,张二官察觉到自己妻子与人通奸,就思量"犯在我手里,教他死无葬身之地",故意安排圈套,杀死妻子和奸夫。

《古今小说》第三十八卷"任孝子烈性为神"说任珪因妻子与人通奸,被满街坊人笑话:"有这等没用之人!""那人必定不是个好汉,必是个煨脓烂板乌龟。"任珪一怒之下,居然夜闯岳父母家,连杀妻子、奸夫、岳父母、使女五人。任珪也是到官府自首的,但因杀奸外又杀一家无死罪人三口,属于"十恶"中的"不道"重罪,罪无可赦,被判凌迟处死。可是正待行刑时,突然"一阵狂风,任珪已在木驴(刑具)上端然坐化",最终还是逃避了刑罚的制裁。小说还描写任珪后来居然因此而被民间奉为神灵"牛皮街土地",建庙祭祀。

冤魂无数为哪般

允许丈夫有私刑权利,这样只会造成更多的冤魂。明末小说《型世言》第二十九回"妙智淫色杀身　徐行贪财受报"里,官宦子弟徐行怀疑妻子真氏与人通奸,得了妄想症,夜里自以为看见有和尚进入妻子卧室,提剑入房,把妻子活活砍死。可点灯细看,房内并无别人。为了掩盖自己杀妻之罪,他到厨房灶前又杀了家里的小厮婉儿,提了两个人头到县衙报案。好多百姓围观,说徐行"真是个汉子"。县官刚升堂时也说"好一个勇决汉子"。不过县官不糊涂,勘查现场时发现尸首分在两处,而且小厮年才十四岁,"尚未出幼"。县官马上下令把徐行抓起来审问,说是"自古'撒手不为奸'",分开两处如何成奸?徐行只得认罪。结果按照故意杀妻罪,判处绞刑,秋后执行。徐行后来死在了监狱里。

还有更荒唐的杀奸故事。比如清代的笔记小说《小豆棚》记载宁波的一个案件。有个叫吴慎修的裁缝,他的妻子袁氏和邻居马伟壮通奸。吴慎修有个喜欢惹是生非的朋友叫李湘,有一天当面嘲笑吴慎修,说:"如果我有这样的老婆,早就把她杀了,哪像你这样只会做缩头乌龟。"吴慎修说:"我不怕拼命,就怕被官府追究。"李湘笑着说:"你几时看到过杀奸被判刑的?还可以得赏呢!"吴慎修果然买了把快刀,以开夜工为名离家。实际上他拿了刀躲在墙角落里,半夜里见马伟壮进了自己家门,他就冲进去。不料马伟壮身强力壮,夺门而逃。吴慎修只杀了妻子,割下脑袋,用布包了,拎到李湘家,说:"我把老婆杀了,该怎么去请赏?"李湘大惊,问:"马伟壮的头呢?"吴慎修说马伟壮已经逃走了。李湘说:"没有马伟壮的头就不能算杀奸了。"他教吴慎修在家门口等着,杀个过路人,再把尸体拖进去伪造现场。吴慎修回到家门口,正好见有个和尚经过,就拿刀厉声命令和尚进门,背后一刀捅死了和尚。他把尸体拖入房内,和自己老婆的尸体放在一起,割了那人的头,慌慌张张地赶到衙门口去报案。第二天一大早,县官带人到吴慎修家勘查现场,验尸的仵作将那和尚的僧衣一剥,却发现原来是个尼姑。县官立即命令将吴慎修抓起来审问,吴慎修无言以对,只好一五一十交代。最后吴慎修以故意杀人、李湘以教唆杀人都被判死刑。

另外还有一些无赖则利用这条法律敲诈他人钱财。比如明代小说《二刻拍案惊奇》卷十四"赵县君乔送黄柑　吴宣教干偿白镪",说奸诈之徒以美貌妇女为诱饵,引诱男子入圈套,再捉奸敲诈钱财,称之为"扎火囤"、"美人局"。《型世言》第二十七回"贪花郎累及慈亲　利财奴祸贻至戚",也写一个身为秀才的老师设局敲诈学生钱财的故事。清代小说《云啸仙》第二卷,说四川成都的泼皮惯以这种"美人局"害人,被清官鲁永清设计识破。

一般认为中国古代妇女地位低下,是由于儒家思想的影响。可是实际上这一条和儒家思想没有什么联系的法律,却赋予了丈夫对于妻子的生杀大权,显示出夫权恶性膨胀的特点。

公道与人情的博弈

苗青贪财害主

《金瓶梅》中描写最详尽、最具体的刑事案件,就是从第四十七回"苗青贪财害主　西门枉法受赃",一直到第四十九回"请巡按屈体求荣　遇胡僧现身施药",讲述了西门庆如何贪赃枉法,又是怎么逃脱处罚的典型案例。

小说的第四十七回,说江南扬州广陵城的富翁苗员外苗天秀,

苗青作案

带了家人苗青、小厮安童,一千两金银、价值两千两的缎匹,走水路前往京师做买卖。家人苗青,因为日前和苗天秀的小妾刁氏在花园"亭侧私语",被苗天秀看见后痛打了一顿,心中一直不满。到了船上,就和船上的艄公陈三、翁八勾结。乘着夜黑,苗青先将苗天秀诱出船舱,陈三一刀刺中苗天秀脖子,推在洪波荡里。安童也被翁八一闷棍打落水中。

三人在船舱内打开箱笼,取出一应财帛金银,缎货衣服,点数均分。两个恶艄公建议苗青带上全部货物去发卖:"我若留此货物,必然有犯。你是他手下家人,载此货物到于市店上发卖,没人相疑。"于是苗青另搭船只,将货物载至临清码头上,大模大样的就在清河县城外官店内卸下,在店发卖货物。两个恶艄公照旧开船搭客。

根据明代法律,这三人结伙抢劫,触犯的是强盗罪罪名,按照法律"得财皆斩",全部都是死罪。而苗青作为奴仆,起谋杀害主人、抢劫主人财物,又触犯"奴婢及雇工人谋杀家长"的罪名,按照法律规定,"已行者(已着手实施)皆斩,已杀者皆凌迟处死"。

西门庆纳贿有方

这三个罪犯之所以感觉良好,仍然公开活动,是觉得苗天秀被杀死扔进了"洪波荡",安童落水也绝无生还可能,没有人会去报案。

可是天网恢恢,安童被一棍打昏,掉落水中后,随波逐流,被一个渔家老翁救起。到了当年年底时分,安童随渔翁到新河口卖鱼,正好看到陈三、翁八这两个谋财害命的恶艄公在船上喝酒,身上还穿着他主人的衣服。

安童立即到官府报案。他去了清河提刑所,当时正值衙门都在放年假。夏提刑见是强盗劫杀人重案,差了缉捕公人,由安童领着至新河口抓住陈三、翁八。陈三、翁八到案后,见有安童当堂作证,没等夏提刑动用刑讯,就招供认罪。还供称家人苗青是他们同伙,一起分赃。夏提刑因为找不到苗天秀的尸体,还难以定案,过年又没有办法动员人去各处打捞。于是派人去缉拿苗青,自己就继续过年,把案件缓了下来。

想不到苗青衙门里也有朋友,听说陈三、翁八把自己咬了出来,赶紧关闭店门,躲到清河的老朋友,做经纪(中介商)的乐三家里。乐三的老婆乐三嫂,又是西门庆的姘头王六儿的好朋友。因此苗青通过乐三嫂,给了王六儿五十两银子,两套妆花缎子衣服,请王六儿向西门庆说情。

王六儿等到西门庆到了她家,就说起此事。西门庆看了帖子,因问:"他拿了多少礼物谢你?"王六儿向箱中取出五十两银子来与西门庆瞧,说道:"明日事成,还许两套衣裳。"西门庆笑了,说这苗青是凌迟的重罪,两个船家也已经招供说苗青有值二千两的货物。"拿这些银子来做甚么?还不快送与他去!"

王六儿一回话,苗青就知道西门庆的意思。立即请乐三一起商议:"宁可把二千货银都使了,只要救得性命家去。"连夜联系客商,将所有的货物低价发卖,得了一千七百两银子。正月十九日,"苗青打点一千两银子,装在四个酒坛内,又宰一口猪。约掌灯以后,抬送到西门庆门首"。这就是当时行贿送银子的惯用把戏,以送过年酒肉为掩护,把银子送到官员手里。还给了西门庆亲信家人每人十两银子,给王六儿一百两银子。

西门庆纳贿

两贪官分赃枉法

西门庆得了银子,吩咐苗青赶紧逃回扬州。自己去找既是老朋友又是同事(西门庆当时官职是清河提刑院的"理刑副千户")夏提刑,说明了情由,分了五百两银子给夏提刑。送银子的办法是将五百两银子分装在食盒里,外面看上去是给夏提刑送酒菜。夏提刑亲自到门口收了。

小说作者写道,"常言道:火到猪头烂,钱到公事办",西门庆、夏提刑商量停当。正月二十日正式上班,满衙门的书吏、衙役都已经被乐三"上下打点停当"。夏提刑和西门庆升堂,提审陈三、翁八,要安童作证,安童说明:"某日三更时分,先是苗青叫有贼,小的主人出舱观看,被陈三一刀戮死,推下水去。小的便被翁八一棍打落水中,才得逃出性命。苗青并不知下落。"那两个恶艄公说是苗青主谋,被西门庆打断,直指两人是江河大盗,动用刑讯,"每人两夹棍,三十榔头,打的胫骨皆碎,杀猪也似喊叫"。陈三、翁八只得认罪,不敢再提苗青。

夏提刑和西门庆就此定罪,起出陈三、翁八的赃银,向上级衙门——东平府报告。东平府的知府胡师文,也是西门庆朋友,不再细审,就照夏提刑所提交的案卷,将陈三、翁八问成强盗杀人罪。

巡按重审案件

西门庆这样的贪赃枉法,却也不能一手遮天,因为中国历代朝廷都设立有一个独立的监察系统——御史台。地方上也有中央派出的巡按御史,各处巡查。全国各地城市都为巡按御史修建有"察院"衙门,平时空关,巡按御史驾临后就开衙办公,受理民间案件。

安童在庭上先听陈三、翁八供述苗青是同谋,后来的审讯却排除了苗青。又听说西门庆和夏提刑都是贪官。于是经苗天秀的亲戚、官员身份的黄通判指点,前往山东巡按御史下马所在的东昌府城察院衙门。

小说作者描写当时山东巡按御史曾孝序,是位清官。说曾御史升堂后,"头面牌出来,大书'告亲王、皇亲、驸马、势豪之家';第二面牌出来,告'都、布、按并军卫有司官吏';第三面牌出来,才是'百姓户婚田土词讼之事'"。安童递上的状子,不仅告发苗青,连同夏提刑、西门庆一起告。

碰巧的是,这时苗天秀的尸体也被人发现。曾御史发文将陈三、翁八带到东昌再审,确认苗天秀被杀,两个罪犯又都供述苗青主谋。曾御史一面派人前往扬州缉拿苗青,一面就"写本参劾提刑院两员问官受赃卖法",向朝廷弹劾夏提刑和西门庆,称夏提刑"接物则奴颜婢膝,时人有丫头之称;问事则依违两可,群下有木偶之诮";称西门庆"本系市井棍徒,贪缘升职,滥冒武功,菽麦不知,一丁不识"。

走太师门道翻案

不过中国古代政权集中于皇帝一人之手,当皇帝像宋徽宗那样不喜欢理政时,权臣宰相就接过了所有的线索,来自于监察系统的弹劾也就碰了壁。

西门庆听说曾御史已经提出弹劾,和夏提刑商量,立即走蔡京蔡太师的路子。夏提刑拿出二百两银子、两把银壶,西门庆拿了金镶玉宝石闹妆一条、三百两银子。派了亲信家人直奔京师。

蔡京像

蔡京收了两人的礼物,不慌不忙,代皇帝在曾御史的弹劾奏章上只批了四个字"该部知道"。夏提刑、西门庆都是武官,是由兵部管理的,所以这个弹劾奏章就被转到了兵部。兵部官员也得到蔡京的授意,"知道"装作"不知道",把这个奏章来个"冷处理",打入故纸文件堆,不再上报。

后来曾御史得知自己的奏章被蔡京阻挡,估计是两个贪官又买通了蔡京。又把火力对准了蔡京,上奏章弹劾蔡京的政策。这个奏章自然也落入蔡京之手。"蔡京大怒,奏上徽宗天子,说他大肆倡言,阻挠国事。"曾御史被"黜为陕西庆州知州",而陕西巡按御史宋盘,是蔡京的亲戚。后来给这位曾御史安了罪名,处以"除名"(开除出官僚队伍),流放到远方。

西门庆行贿御史

西门庆"拿人钱财,与人消灾",受贿后他为苗青还真是尽心尽力。在自己被弹劾的事情摆平的同时,继续帮助苗青躲避追捕。

第四十九回里,朝廷新派出的两位御史要经过清河。其中的蔡御史蔡蕴是蔡京的养子,已经和西门庆打得火热。西门庆安排隆重场面迎接这两位御史,举行盛大宴会招待,一顿酒席花费近千两银子。连御史的随从也细心照料:每位御史的随从给五十瓶酒、五百份点心、一百斤熟肉。

吃了不算,西门庆还再送一份酒席,每位御史"一张大桌席、两

西门庆贿赂御史

坛酒、两牵羊、两封金丝花、两匹段红、一副金台盘、两把银执壶、十个银酒杯、两个银折盂、一双牙箸"。这食具的价值远远超过食品,酒席是假,行贿是真。晚上西门庆还搞个"性贿赂"的把戏,弄两个妓女去伺候御史。

一直到御史起身,西门庆才请蔡御史委托新到山东担任巡按御史的宋御史,不再追究苗青的罪责,理由是案件在清河已经了结。两位御史也是心领神会,后来正好在途中,他们遇见了被缉捕归案的苗青,宋御史当即提审,释放苗青。并给东平府发文,还是按照原来清河提刑所的定案处理,"把两个船家,决不待时",执行死刑。

苗青免除了凌迟死罪,自然对西门庆感激不尽。后来西门庆的家人伙计到扬州做买卖,都得到苗青的照顾。小说第七十七回提到,苗青还为西门庆花十两银子,买了一个十六岁的美女,善于弹唱,"腹中有三千小曲,八百大曲"。还替她"打妆奁,治衣服",准备开春后委托西门庆的伙计带回清河。只是不久西门庆暴毙,没有能够得到这个回报。

人治格局下法制的废弛

在《金瓶梅》精心描述的这个案件过程中,我们可以看到,明朝本身的司法体制还算是健全的:重大刑事案件,地方衙门以及像西门庆的治安衙门都有权管辖。而且为了防止地方司法、行政部门的失职，还特设了另成体系的监察部门。监察部门有权受理民间的起诉，有权受理民间对于地方官员贪腐行为的揭发，有权弹劾追究失职、贪渎的司法官员。这对于地方政府部门是一个强有力的牵制力量，防止地方贪官一手遮天。

然而，这一制度设计也有重大的缺陷，它是以皇帝能够正常行使权力为前提的。所有的行政、监督的线头都汇总到皇帝一人之手，假如皇帝没有兴趣或者是没有能力来鉴别全部汇总到他这里的信息，那么势必有像蔡京这样的权臣，或皇帝身边太监之类的亲信来代替皇帝分析、处理这些信息。这些人就可以代皇帝批示，使全部制度设计都归于无用。

《金瓶梅》小说通过苗青案件，细致地描述了整个官场运作的潜规则，揭示出完整的制度体系是怎样轻易地就被逾越。在西门庆的强大后台蔡太师的掌控之下，弹劾案不了了之，罪犯依然逍遥法外。正是小说作者所言：

> 公道人情两是非，人情公道最难为。
> 若依公道人情失，顺了人情公道亏。

"合同"与"契"大不同

西门庆"捣"的"合同"

《金瓶梅》的主角是商人,商人就要做买卖,做买卖就要订合同,把双方的权利义务用文字形式固定下来。

《金瓶梅》小说有很多有关商人交易订立合同的描写。

比如第七回"薛媒婆说娶孟三儿 杨姑娘气骂张四舅",提到寡妇孟玉楼决心改嫁西门庆当小老婆,她丈夫的姑姑作为夫家唯一健在的长辈,已经被西门庆搞定,同意了这门亲事。可是丈夫的舅舅张四唯恐她乘机转移了夫家的财产,在她搬嫁妆的时候前来阻拦。孟玉楼当众哭诉:"众位听着,你老人家差矣!奴不是歹意谋死了男子汉,今日添羞脸又嫁人。他手里有钱没钱,人所共知,就是积攒了几两银子,都使在这房子上。房子我没带去,都留与小叔。家活等件,分毫不动。就是外边有三四百两银子欠账,文书合同已都交与你老人家,陆续讨来家中盘缠。再有甚么银两来?"孟玉楼死去的丈夫是经商的,这里的"文书合同",就是商人之间的交易合同。孟玉楼说张四可以凭着合同陆续去向客商讨账。

第十六回"西门庆择吉佳期 应伯爵追欢喜庆"里,西门庆家的家人玳安找到在外面鬼混的西门庆,说是家里来了"三个川广客人",带的是一批"细货",只是急需现金,想把货物作为抵押,从西门庆这里借一百两银子,答应"约八月中找完银子"。西门庆要下面的伙计办了此事,但玳安说"客人不肯,直等参去,方才批合同",也就是说,要西门庆亲自签押合同才行。

第三十三回"陈敬济失钥罚唱 韩道国纵妇争锋"里,西门庆从一个湖州客人何官儿那里批发了"五百两丝线",价值五百两的丝线,因为何官儿急着回乡,愿意四百五十两脱手。西门庆就和他立了"合同"。西门庆又决定要利用自己家在狮子街两间门面房子,收拾了开个绒线铺子。可是经营丝绒需要懂专业的经理人,西门庆的酒肉兄弟应伯爵给他介绍了一个"韩伙计","其人五短身材,三十年纪,言谈滚滚,满面春风"。这里的"伙计",是经理人的

西门庆开绸缎铺

意思,"西门庆即日与他写立合同"。这里一个是货物买卖的合同,一个是雇佣"韩伙计"为经理人,经营绒线铺的合同。

第四十三回"争宠爱金莲惹气　卖富贵吴月攀亲",提到西门庆原来曾放贷一笔商业款项给做香蜡生意的"揽头"(中介商)商人李智、黄四,现在这两个商人"关了一千两香蜡银子",前来清偿。西门庆叫自己的女婿陈敬济拿着天平在厅上兑收,十足一千两白银。黄四又拿出"四锭金镯儿",总重三十两,"算一百五十两利息之数"。他们另外欠西门庆五百两银子的利息,"就要捣换了合同"。西门庆要两人过了"灯节"(元宵节)再来。根据小说描写的前后情节,这个李智、黄四以自己的货物为抵押,向西门庆告贷了一千五百两银子,原来规定的利息是月利5%。现在这一千两是部分还本,四个金镯总共三十两重,明代金银比价一般是1∶5,因此算是抵偿了150两白银的利息,也就是两个月的利息。商人请求西门庆将余下的五百两本金,通过"捣换合同",更新为一笔新的标的为五百两的贷款,这样可以按五百两本金重新计息。

第五十八回"潘金莲打狗伤人　孟玉楼周贫磨镜"里,西门庆决定要开设一个缎子铺,"当下就和甘伙计批了合同。就立伯爵作保,得利十分为率:西门庆五分,乔大户三分,其余韩道国、甘出身与崔本三分均分"。这个合同,就是一个合伙合同。西门庆、乔大户是主要出资人,按照50%、30%比利分红,韩道国、甘伙计、崔本都是以经营能力入伙,三人平分20%的利润。

第七十九回"西门庆贪欲丧命　吴月娘失偶生儿",西门庆临死前对妻子吴月娘交代:"前边刘学官还少我二百两,华主簿少我五十两,门外徐四铺内,还本利欠我三百四十两,都有合同见在,上紧使人摧去。"这个遗言里提到的"合同",包括西门庆放贷给两个官员的"官吏债",以及放贷给商人徐四的商业贷款。

做交易要立"契"

可是,同时在《金瓶梅》里,还有很多提到交易的文书,是叫做"契"的。

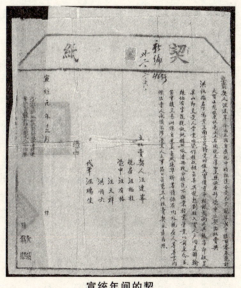

宣统年间的契

比如第十九回"草里蛇逻打蒋竹山 李瓶儿情感西门庆"讲到西门庆派来的两个流氓,弄了张伪造的文书,诬赖蒋文蕙欠他连本带利四十八两银子,当庭呈递"文契"。这个"文契"从今天的眼光来看,这也应该是一个合同,是一个借贷合同。

又比如第四十二回"逞豪华门前放烟火　赏元宵楼上醉花灯",说西门庆的酒肉兄弟祝实念、谢希大彼此打趣,说写"借契"时,要立偿还债务的"三限":"头一限,风吹辘轴打孤雁;第二限,水底鱼儿跳上岸;第三限,水里石头泡得烂。这三限交还他。"

第六十回"李瓶儿病缠死孽　西门庆官作生涯",西门庆的酒肉兄弟常峙节要购房居住,西门庆慷慨借了银子给他。常峙节和应伯爵"叫了房中人来,同到新市街,兑与卖主银子,写立房契"。

第七十一回"李瓶儿何家托梦　提刑官引奏朝仪"里,同样是为了购房,朝廷的老太监何太监要在清河购置房产,西门庆乘机把原来夏提刑的住房卖给何太监。这套宅院原来的"老契"房价是一千二百两银子,西门庆都说因为有点老旧,可以打掉一点折扣。可是西门庆家的家人贲四在旁边帮腔,说:"自古道:使的憨钱,治的庄田。千年房舍换百主,一番拆洗一番新。"何太监听了很喜欢,就叫贲四做了买卖这宅院的中人。立刻"打点出二十四锭大元宝",与夏提刑交割。夏提刑一个旧宅院卖了个原价,"满心欢喜,随即亲手写了文契"。何太监也觉得满意,"赏了贲四十两银子"。这也是一个购房契,一千二百两的标的,中人贲四得了四十两银子的中介费,为总标的的3.3%,远比一般的1%—2%的"中资"要高,就是靠他"会说话"赚来的。

《金瓶梅》小说里也有将"合同"称为"契"的,比如第七十九回,西门庆死了以后,他的妻子吴月娘的大哥吴大舅查账,发现"李智、黄四借契上本利还欠六百五十两银子",就要告到衙门去。西门庆的酒肉兄弟应伯爵是拿了李智、黄四好处的,赶紧去找李智、黄四,叮嘱他们暗地里给吴大舅送上二十两银子,然后向西门家归还二百两银子的账款,"另立一纸欠结,你往后有了买卖,慢慢还他就是了"。这里提到的"借契"也就是前面提到过捣鼓的那个"合同"。

那么究竟什么是"契"? 什么是"合同"?

"契"和"合同"的来历

"契"字的本义为刻划,《说文解字·刀部》:"契,刻也。从刀。"反映了古代人们"刻木记事","结绳记事"的遗风。

在人类早期的社会生活中,文字并不是人们交流信息的主要方式,人们达成某项特定权利义务关系的协定时,主要依靠的是口头的协议。为了证明以及帮助当事人记忆协议的成立,需要有一定的仪式,双方说一套固定的套话,并且有一定的证人在场,并以一块刻有刻痕的竹木片作为这项协议的信物,作为提醒一方履行义务的提示物。这在古代就称之为"契"。

在经济生活进一步发展后,又形成了双方各持一片这种信物或提示物的"券"。《说文解字·刀部》:"券,契也。从刀,券声。券别之以刀,以刀判其旁,故曰契券。"即由双方在一片竹木片的侧面刻出记号后,再"别之以刀",将竹木片一剖为二,双方各持一片有相同刻痕记号的竹木片。当两片竹木片合对无误,即为"合券",一方就应履行义务。

随着人们书写工具的变化,协议的载体逐渐变为写在纸张上的文字,但名称依然为"契"。秦汉时受"破券成交"习惯的影响,大多数契约都采用一式两份的复本契约形式,沿袭过去在竹木简上刻划记号的习惯,往往将两张契纸并拢骑缝划上几道记号、或骑缝写上"合同大吉"、或合体字"㝵"字样,便于将来合对证明确属原件。这种记号就称之为"合同"。

中国古代法律对于民间交易文书统称为"契",但并不硬性规定文书的格式。是否需要采用具有骑缝记号的文书,也没有硬性的规定。唐宋时法律仅规定凡典当契约必须为"合同契",要制作具备骑缝记号的一式多份的文书。

因此长期以来,"合同"是一种文书形式,"契"是当事人之间特定权利义务书面协议的总称。"合同文书"可以是"契"的一个特殊种类,但并不全部都是"契"那样的当事人之间特定权利义务的书面协议。凡民间一式几份并具有骑缝记号的书面文件都称之为"合同文书",并不限于交易文书。比如在缔结婚姻的时候,为了表示慎重,双方的婚书也会一式多份、打上骑缝记号,称之为"合同婚书"。又比如元代杂剧《包龙图智断合同文书》,这里的"合同文书"就是兄弟两个作为身份证明的文件。

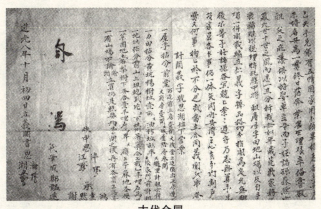

古代合同

商事交易一般用"合同"

由于中国古代商业贸易大量采用"赊"的支付方法,就是当事人之间平时出纳现金,只是记账,年终清算。交易持续进行,每年清算一次,因此需要比较能够核对的文书来记载彼此的权利义务。明清时的商业交易一般都使用这种有骑缝记号的"合同文书",简称为"合同";而民间的契约绝大多数是单本的,习惯上仍称"契"或"券"。

我们从上述的《金瓶梅》小说里"合同"和"契"的用法就可以看到,它确实反映了这样的民间惯例:凡是商人之间的交易文书,一般都叫"合同";而普通的民事交易一般叫"契"。

其他的明清小说里也是这样的写法,当提到商人之间的交易时,就是立"合同",而普通民间交易,就是立"契"。比如明末凌蒙初所著短篇小说集《拍案惊奇》卷之一"转运汉遇巧洞庭红　波斯胡指破鼉龙壳",讲商人文若虚到海外经商,无意间获得一个大海龟壳,被一个波斯商人看中,愿意用一家店铺和五万两银子买他的这个大海龟壳,双方订立了"合同"、波斯商人支付了白银、文若虚移交了海龟壳后,波斯商人才告诉他,这个海龟壳里藏有价值连城的夜明珠。而波斯商人为文若虚购置店铺这样的房产,就是用的"文契"。

由此我们可以发现,虽然没有国家法律的规定,但是古代民间的交易行为还是相当有序的,合同的性质和种类有相当明确的区分。反映出中国古代法律文化的一个特点:在财产交易等方面,民间习惯起到了极其重要的调节作用,并不直接依靠国家法律的规范。

买房不如"典房"

武大郎三次租房"蜗居"

《金瓶梅》是讲市井生活的,人住在城市里,就要解决住房问题。其中武大郎的住房问题解决得比较曲折。

小说第一回"西门庆热结十弟兄　武二郎冷遇亲哥嫂",讲武大郎"自从兄弟分别之后,因时遭饥馑,搬移在清河县紫石街赁房居住"。这是武大郎第一次租赁房屋。武大郎租赁房里安身后,

"终日挑担子出去街上卖炊饼度日",不久妻子过世,"丢下个女孩儿,年方十二岁,名唤迎儿,爷儿两个过活"。

又过了半年,武大郎生意越做越差,"消折了资本,移在大街坊张大户家临街房居住"。这是武大郎第二次租赁房屋。好在这张大户有钱,"有万贯家财,百间房屋",低价出租房屋算是做善事,再加上武大郎为人本分,张大户家上下都欢喜武大郎,张大户一高兴,"连房钱也不问武大要"。后来张大户"收用"了家里的丫鬟潘金莲,而张大户的妻子妒忌心重,知道张大户收用了潘金莲,整日找茬将潘金莲"百般苦打"。张大户没有办法,索性将潘金莲嫁给武大郎,一分聘礼不要,还倒贴嫁妆。时常还贴补一点银两给武大郎做买卖。只是往往乘着武大郎白天出去卖炊饼的时候,"大户候无人,便踅入房中与金莲厮会"。武大郎有些知觉,也"不敢声言"。

不料没多久张大户忽然得病一命呜呼,张家的"主家婆"一直怀疑张大户和潘金莲还有关系,现在老公一死,主家婆当家,立刻叫家里的奴仆将武大郎、潘金莲赶出出租屋。

武大郎没有办法,带了潘金莲和女儿迎儿,租赁了"紫石街西王皇亲房子,赁内外两间居住"。这就是武大郎第三次租房,只有两间房间,还是蜗居状态。一内一外的门面房子。白天武大郎挑着炊饼一出门,潘金莲在家没事可干,就在门口"帘子下嗑瓜子儿,一径把那一对小金莲故露出来,勾引浮浪子弟",引得一帮无赖老在门口起哄,"弹胡博词,撒谜语,叫唱:'一块好羊肉,如何落在狗嘴里?'"武大郎又想搬家。

租不如典

武大郎想搬家,不料和潘金莲一商量,却被潘金莲骂了一顿:"贼馄饨不晓事的,你赁人家房住,浅房浅屋,可知有小人罗唣!不如添几两银子,看相应的,典上他两间住,却也气概些,免受人欺侮。"武大郎说:"我那里有钱典房?"潘金莲倒也爽快:"呸!浊才料,你是个男子汉,倒摆布不开,常交老娘受气。没有银子,把我的钗梳凑办了去,有何难处!过后有了再治不迟。"

武大郎就按潘金莲的主意办,"当下凑了十数两银子,典得县门前楼上下两层四间房屋居住。第二层是楼,两个小小院落,甚是干净"。县门前,就是在县衙门大门前的地段,闲杂人等不敢肆意妄为。有了院落,可以隔离街路行人。两上两下,下面会客起居,楼上为卧室。

在《金瓶梅》小说作者看来,落魄的市民才租赁房屋居住,供出租的房屋也都是"浅房浅屋",有点身份的就应该是"典房"居住。

比如第七回"薛媒婆说娶孟三儿 杨姑娘气骂张四舅",薛婆极力介绍孟玉楼给西门庆,很坦白地承认,"我替你老人家说成这亲事,指望典两间房儿住哩"。第七十八回"林太太鸳帏再战 如意儿茎露独尝",说西门庆扩大住房,"旁边又典了人家一所房子",扩大了门面,可以有三开间的客厅摆酒。

最典型的是西门庆的女婿陈敬济的败落经历:由自有住房到

武大郎的住房

典房,然后租房,最后到处流浪。

西门庆死后,陈敬济和潘金莲打得火热,双双被赶出西门家。陈敬济原来想买下潘金莲,请求王婆稍微便宜点,"看你老人家下顾,退下一半儿来,五六十两银子也罢,我往母舅那里典上两三间房子,娶了六姐家去,也是春风一度。你老人家少转些儿罢"。潘金莲死后,陈敬济害得西门庆的女儿西门大姐上吊自尽,由此被西门庆的遗孀吴月娘告到县衙门,吃了一场官司。由一个富家子弟逐步败落。先是"把大房卖了,找了七十两银子,典了一所小房",这房子坐落在偏僻小巷里。以后没到一个月,坐吃山空,只好又"把小房倒腾了,却去赁房居住"。再下去,"家伙桌椅都变卖了,只落得一贫如洗",连房钱也付不起了,只好在"冷铺"(原来作为官府治安岗亭及递送公文的交接点)内存身,和占据冷铺的叫化子们白天讨饭,晚上给官府打更巡逻。有个做善事的老人可怜他,给了他五百个铜钱、一两银子,关照他"那铜钱与你盘缠,赁半间房儿住;这一两银子,你拿着做上些小买卖儿,也好糊口过日子"。可见当时半间房的租金是几百个铜钱。可是陈敬济把铜钱去吃饭,银子打开了掺上白铅之类的金属,做了假银锭在街上骗人,被官府衙役抓到痛打一顿,流落街头。

"典"业由来已久

我们平时知道"典当",是以物品(现代法律上称之为"动产")

质押给典当铺,获得一笔资金,以后加上利息归还了资金,就可以赎回原来的物品。

这样的"典"在《金瓶梅》里也不少。第四十五回"应伯爵劝当铜锣　李瓶儿解衣银姐"里提到,商人贲四"拿了一座大螺钿大理石屏风、两架铜锣铜鼓连铛儿",要向西门庆"当"三十两银子。第五十六回"西门庆捐金助朋友　常峙节得钞傲妻儿",说西门庆的酒肉兄弟常峙节付不起租房的租金,"被房主催逼慌了","如今又是秋凉了,身上皮袄儿又当在典铺里",请求西门庆接济,帮忙买房子。第五十七回"开缘簿千金喜舍　戏雕栏一笑回嗔"说庙里的懒和尚,"把袈裟也当了,钟儿、磬儿都典了,殿上椽儿、砖儿、瓦儿换酒吃了"。

常峙节租赁的破房

要想了解其中的差异,我们就必须了解一下"典"字原来的字义。

古代典字为"册"置于架子上的象形,原字意当为尊贵、权威的书册,因此后世有"典籍"、"典章"等词语,指重要的书籍文章。典字有"典籍"之意,在古籍中作名词解时又大多指成文的或不成文的制度、准则,如《左传·昭公十五年》"数典而忘其祖"。《尔雅》将"典"与"彝、法、则、刑、范、秩"等字并列,释为"常也";又称

"典,经也"。后世遂合称"经典"。

作动词解时,古籍中的典字一般指掌管、使用、管理,如《管子·侈靡》:"法制度量,王者典器也。"因此转而往往成为在表现官职时的前缀字,如《韩非子·二柄》提及有为君主"典衣"之官和"典冠"之官;秦汉以后仍多有以"典"为名的官职,如"典客"、"典属国"、"典膳"、"典御"等。

古代拿财产质押换钱的,一直是叫"质"。到了唐代中期开始,民间以"典"代"质"就迅速普及。

典铜锣

这很有可能是为了避唐高宗李治的音讳(此处在之前的文章已有阐述,不再赘论)。其后民间逐渐习惯以"典"作为动词表示财产交易,来表示一方向相对方提交某项财产,并由相对方控制以担保债权的意思,"典"成为与"质"的同义词。

唐代诗人的诗作中,提到提交自己财物换现金的诗句,都是使用"典",比如杜甫的《曲江二首》之二:"朝回日日典春衣,每日江头尽醉归。酒债寻常行处有,人生七十古来稀。"而白居易《杜陵叟》诗句:"典桑卖地纳官租,明年衣食将何如。""桑"往往和"桑梓"连称,在古代一般指家宅,可见唐代就已经有了"典房"的交易。

"典房"和"典当"不相同

虽然说起来都叫"典",可是实际上一般的财物的"典"和房屋的"典"还是有重大的不同点。

首先,典当铺"典"的都是法律意义上的动产,转移占有不需要经过特别的程序。可是房屋是重要的不动产,古代法律对于"典房"有严格的程序要求:在《金瓶梅》故事发生的宋代,出典方要征求亲属及邻居的意见,在同等出价情况下,亲属和邻居有先典的权利;双方要订立"合同契"(有骑缝记号的一式多份交易文书);交易文书要经过本地官府盖印、证明合法性质,并缴纳3%左右的"契税";房屋所在土地的土地税要转移到典房人这边来承担。明清时期法律没有要求"先问亲邻"以及"合同契",但是官府盖印、缴纳契税、转移土地税负担还是必须的。总之,"典房"和买房的手续基本相同。

其次,典当财物都是要计算利息的,将来赎回财物的时候要加上利息。可是"典房"是没有利息的,出典的一方在经过约定的"典期"(一般为三到六年)后就可以以原来从典房人那里获得资金的数额赎回房屋,"原

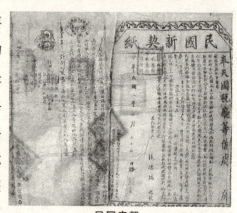

民国房契

钱还原房"。

再次,典当财物的回赎期是有严格期限的,按照宋朝的法律规定是两年,明清时法律没有规定,但习惯上也是两年"下架",出典人丧失回赎权。可是"典房"不一样,只要书面契约保存完整,出典人在"典期"限满后永远可以原价要求赎回。所谓"一典千年在,卖字不回头"。当然实际上房屋肯定没有千年的寿命,但即便是房屋已不堪使用,出典人还是有权回赎。

最后,"典房"后,"典主"就有经营权利,可以将房屋出租。必要时还可以"转典",比如前面提到的陈敬济典了小巷里的小房子后又"倒腾",就是把房子又转典出去换取现金。

"典房"要比买房强

为什么《金瓶梅》小说里的人们都热衷"典房"?

很简单的理由是,"典价"一般只是"卖价"的二分之一。这和拿财物到典当铺去典当是一样的,质押财产最多只能得到一半价值的贷款。这样合算的生意大家都要做。所以在《金瓶梅》里,除了财大气粗的何太监是现金买房,常峙节想从西门庆那里捞好处要西门庆给现金买房外,所有的人都是"典房"。

可是买了房子是自己永远的产业,"典"到的房子典期一过,原主要来回赎怎么办?

因为大家都估计到,实际上绝大多数出典房屋的业主,是没有办法再来回赎的。"出典"不过是他们"卖房"的掩护。

那为什么原来的业主要干这赔本的买卖呢？

这就不是简单的经济因素了,而是文化传统起到了决定性的作用。中国古代社会重视家族财产传承的缘故。"败家子"在中国传统社会一直是一句最具有蔑视意义的评语,而出典就可以将收回祖产的希望寄托于下一代以至于再下一代。子子孙孙是没有穷尽的,有朝一日有能力收赎的希望也是始终存在的。因此尽管出典的经济效果很差,但却是人们传统观念所能够接受的。

另外古代立法指导性原则也影响到不动产交易中"典"的频繁。唐宋的法律中,法律并不保护计息债权,另外历代法律也禁止将债务人的房屋用地抵充债务。而"典"就可以逾越这些禁止性的法律规定,它既没有"卖房还债",也没有"计息盘剥"。唐以后的历代法律都保护这样的"典房"交易,民间也就习惯以"典"来转移不动产。

我们从《金瓶梅》里的房屋交易,知道了古代城市里典房交易的普及程度。说明法律和习惯的确定,除了当事人经济利益的规范外,更主要的还受到意识形态的影响。中国古代特有的家族财产制度以及朝廷的立法指导原则,决定了不动产交易的"典"的形成与普及。

武松能否娶金莲

著名的冤家叔嫂

　　武松和潘金莲这对叔嫂冤家,是《金瓶梅》里很重要的故事线索之一。比《水浒传》武松杀嫂的故事更为复杂。

　　和《水浒传》一样,小说先是描写潘金莲看上武松,主动要武松搬到她和武大郎的家里来一起住。第二回"俏潘娘帘下勾情　老王婆茶坊说技"里就移植了《水浒传》里潘金莲借着大雪之日,给武松温酒企图挑逗武松这段情节。武松大义凛然,拒绝挑逗:"武二是个顶天立地嚵齿戴发的男子汉,不是那等败坏风俗伤人伦的猪狗!嫂嫂休要这般不识羞耻,为此等的勾当,倘有风吹草动,我武二眼里认的是嫂嫂,拳头却不认的是嫂嫂!"

《金瓶梅》第八十七回"王婆子贪财忘祸 武都头杀嫂祭兄"的故事情节和《水浒传》有很大的不同。说的是西门庆病死后,潘金莲被吴月娘赶

武松来武大郎家

出来,暂居王婆家,吴月娘要王婆不管多少价钱都"发落"了潘金莲。王婆自己立的价码是一百两银子。正好武松遇赦回家,到清河县下了文书,依旧在县当差,还做都头。将武大郎的女儿迎儿接回家,一处居住。

王婆卖金莲

当他知道潘金莲暂居王婆家,武松就拿了金眼彪施恩送他的一百两银子去找王婆,声称"我闻的人说,西门庆已是死了,我嫂子出来,在你老人家这里居住。敢烦妈妈对嫂子

武松杀嫂

武松能否娶金莲

说,他若不嫁人便罢,若是嫁人,如是迎儿大了,娶得嫂子家去,看管迎儿,早晚招个女婿,一家一计过日子,庶不教人笑话"。王婆听说武松愿意拿五两银子谢她,就有了意思。而潘金莲见武松来找,旧心不改,自以为:"我这段姻缘还落在他手里。"

第二天武松就走到王婆家交付白银,那婆子看见白晃晃摆了一桌银子,又见有五两谢她,连忙收了。王婆把银锭凿下二十两银子,往吴月娘那里交割明白。吴月娘问:"甚么人家娶去了?"王婆道:"兔儿沿山跑,还来归旧窝。嫁了他家小叔,还吃旧锅里粥去了。"吴月娘一听,"暗中跌脚",对孟玉楼说:潘金莲"往后死在他小叔子手里罢了。那汉子杀人不斩眼,岂肯干休"!

后来武松杀死王婆、潘金莲的过程和《水浒传》一样。只是武松表示要娶潘金莲,在当时的王婆、吴月娘看来都是那么自然合法吗?我们知道前面潘金莲想和武松私通,是一件死罪的事情,《金瓶梅》里交代过的"叔嫂通奸,两个都是死罪"。那么哥哥死了,娶寡嫂为妻是被法律允许的吗?

李代桃僵为哪般

看看清朝人王有光编写的《吴下谚联》里的一则故事,好像并不是这样的。

据说从前有一个有钱人家的寡妇忽然怀孕,族人都说是寡妇和小叔子通奸,告到官府。按规定妇女犯奸罪必须出庭受审,必要时还要刑讯。但是寡妇已经怀孕,依照法律规定应该要等到生育后才能审讯。地方官受理案件后,就下令把寡妇交给本族的族长看管,等到产后再开始审理。

那个被怀疑的小叔子向外地一个有名的讼师求救,保证不惜重金报答。那讼师答应了,来到当地,却是整整一个月无所事事,只是每天都到澡堂子去洗澡,一洗就是一天。有一天讼师在澡堂里遇到了一个卖豆腐干的,居然一见如故,谈得十分投机。洗完了澡,讼师抢着会钞,又请卖豆腐干的到茶馆喝茶,把那卖豆腐干的姓氏、地址、生活景况、平时习惯都摸了个一清二楚。回去后讼师暗中叫那寡妇的贴身丫鬟传话,要寡妇反复背诵,记熟供词。

寡妇产后,不得不出庭受审,当庭却供认是和那个卖豆腐干的通奸而怀的孕。县官立刻把那个卖豆腐干的抓来讯问,卖豆腐干的大叫冤枉,坚决不承认。可那寡妇却一口咬定奸夫就是他,不仅讲了他的家境和种种习惯,最后还说他的龟头上有一颗痣。县官派人当场检验,果然如此。于是威胁要严刑拷打,卖豆腐干的只好认罪。族人怂恿卖豆腐干的到上级衙门申诉,可是卖豆腐干的却乖乖认罚,于是寡妇与卖豆腐干的通奸成为铁案。

原来讼师事先已经找到卖豆腐干的,说已经为他在百里外置办了一处庄房,还有"水田廿亩,白金百两",还准备将一个丫鬟嫁给他,所有的东西都已准备齐全。卖豆腐干的不过是挨了一顿板子,却能够得到这些好处,收益大大超过成本,自然发誓不愿翻案。王有光最后总结说:"若非有此异相,终于卖腐干而已矣,安得此骤发也哉!"

通奸处罚大不同

从今天的眼光来看,这样大费周折似乎并无必要。如果那个和寡嫂通奸的小叔也没有成婚,索性正式结婚,即使是"先奸后娶"名声有点不好听,可不也是人之常情吗?为什么还要找那个卖豆腐干的来顶缸呢?

原来按照当时的法律,叔嫂通奸是个"斩罪"的罪名。而且不要说是通奸,即使小叔尚未结婚,娶寡嫂也是个"绞罪"。犯了这两罪双方都是难逃一死。不仅像这样小叔子娶寡嫂为死罪,按照当时的法律,哥哥娶守寡的弟妇也同样是个死罪。而如果寡妇是和其他人"和奸",就只是个杖一百附加枷号示众的轻罪而已,最多不过是男女出乖露丑,各挨一顿扳子,再同枷一块木枷游街示众而已,脑袋是绝对不会掉的。所以经过讼师这样一拨弄,寡妇和那个小叔子男女二人,"斩罪并脱"。卖豆腐干的虽然白白挨了顿打,可是有如此实惠,也就立刻"好了伤疤忘了疼"了。

游牧民族习俗大不同

说起来这条不近人情的法律却是历史车轮之下矫枉过正的后果。

中国传统文化重"男女人伦之大防",儒家强调"男女授受不亲"，叔嫂之间不得有任何的肢体接触，只有在嫂子掉到水里去、快要淹死的紧急情况下，小叔子才可以打破这个禁忌，伸出援手，把嫂子拉上岸。不过如果是哥哥死了，弟弟还没有结婚，是否能够和寡嫂结婚？或者是未婚的哥哥能否娶丧偶弟妇？对于这个问题，礼教和法律也是禁止的。叔嫂通奸，在唐宋时期的法律里，是个流放的罪名。小叔娶寡嫂，唐宋的法律规定，凡是曾为五服之内的姻亲，不得结婚，但这没有严厉的处罚规定，"兄亡收嫂、弟亡收弟妇"违法，但没有重罚。

后来蒙古族入主中原建立元朝，而蒙古民族和世界上很多古代民族一样，当时有所谓"收继婚"的习俗，即寡妇必须改嫁丈夫家族的其他成年男子，只有这个家族男子都不愿意收娶的情况下才可以改嫁他人。这也称之为"转房婚"，意思是一个妇女嫁的是一个家庭，一旦丈夫去世，就要在这个家庭中的一房房男子转过去。即使其他房的男子已经成婚，寡妇仍然要作为其次妻。在有的民族习惯中，这种"收继婚"还可以是不同辈分的，只要不是自己的生母，父亲死后遗留下的妾、伯叔死后的寡婶，都可以收继为自己的妻妾。这在极其注重辈分、注重"名分"、鼓励寡妇"守节"的中原汉族文化看来，实在是太野蛮了。

实际上蒙古族统治者也知道自己的民族习惯不可强加于人，在入主中原、建立元朝后不久，就颁布法令禁止汉族人民依照蒙古族习惯实行这种强制性质的收继婚，允许寡妇守寡或者另嫁他人，亡夫家庭不得阻拦。尤其是禁止隔辈分的收继婚。对于自愿性质的"兄亡收嫂、弟亡收弟妇"则不明文禁止。当然由于元朝统治时间将近一个世纪,有的地方的汉族人民确实也会受蒙古习俗影响,有这种强制性质的收继习俗。

为了清除"污染"而立严法

元朝统治崩溃后,朱元璋乘乱起兵,登上皇位。他自认为是汉族文化的挽救者,自己给自己规定的历史使命是要恢复汉族正统文化,扫清"胡俗",治理被胡俗"污染"的民众。至于什么是正宗的汉族文化,实际上他自己也搞不大清楚,因此凡是和原来蒙古族习惯搭点边的,就一律指责为"胡俗",立法予以严禁。而且他将收继婚看成是最典型的"胡俗",经常以此为例指责"胡俗"如何野蛮。尽管实际上过去汉族皇朝并不重罚自愿的收继,可是朱元璋却矫枉过正地在他主持制定的《大明律》里,严禁收继婚,不管是强制的、还是自愿的,一律用死刑来禁止。而且通行的注解进一步规定,即使妻子是被休弃后改嫁兄弟的,仍然依照这条法律办理。以后清朝统治者全盘接受明朝法律,这条不近情理的法律居然也就长期沿用了五百多年。

不过在民间自愿性质的"兄亡收嫂、弟亡收弟妇"实际上还是普遍存在的,对于一般家境的男方家庭来说,如果弟弟尚未娶妻,收娶寡嫂正好可以省一笔聘礼。经济情况决定了这种收继婚是难以禁绝的。正因为如此,明清时期的很多地方志都记载当地有收继"陋俗"。这条矫枉过正的法条在很大程度上只是具文,白白给了一些惹是生非的无赖敲诈老实人的借口而已。《金瓶梅》里武松后来表示要娶潘金莲,当事人各方都没有觉得不妥当,就是这条法律仅仅是具文的体现。

陆

古人讨债难讨息

西门庆安排的恶作剧

《金瓶梅》第十九回"草里蛇逻打蒋竹山　李瓶儿情感西门庆"里提到,因为西门庆出门避祸,没有按约定娶回李瓶儿。李瓶儿生了场大病,得到本县医生蒋文蕙(字竹山)照顾,一来二去,李瓶儿就将蒋竹山招赘入门,夫妻合伙开个药铺。

西门庆回来听说李瓶儿和蒋竹山结了婚,心中大不爽,就安排自己经常资助的两个"捣子"（光棍，鸡鸣狗盗之徒），一个叫"草里蛇鲁华"，一个叫"过街鼠张胜"，前去修理蒋文蕙。这两人闯进药铺，宣称蒋文蕙前妻死的时候曾向鲁华借过三十两银子，"本利该我四十八两，少不的还我"。张胜自称是这件交易的保人，还伪造了一张借契文书。他们将蒋文蕙拖到街上打了一顿，结果被巡逻的公差抓进提刑所。提刑所的夏提刑是西门庆的老朋友，早就受了西门庆的嘱托。第二天将这三人提审，夏提刑看了那张伪造的文契：

> 立借票人蒋文蕙，系本县医生，为因妻丧，无钱发送，凭保人张胜，借到鲁华名下白银三十两，月利三分，入手用度。约至次年，本利交还，不致少欠。恐后无凭，立此借票存照。

立刻拍案大怒，道："见有保人、借票，还这等抵赖。看这厮咬文嚼字模样，就像个赖债的。"喝令左右选大板，将蒋文蕙拖翻在地，"痛责三十大板，打得皮开肉绽，鲜血淋漓"。还差了两个衙役，押蒋文蕙到家，要蒋文蕙立即还三十两银子给鲁华。李瓶儿当时和蒋文蕙也已闹翻，乘机将蒋文蕙痛骂一顿。虽然替蒋文蕙还了三十两银子，但立即就把蒋文蕙赶出家门。

整件事情都是西门庆策划的恶作剧，不过因为这件事经过了官府的处置，读者就可能会有点疑问，当时官府处理民间的债务纠纷也都是这样动用刑罚处罚的？而且假债主鲁华说蒋文蕙欠的是三十两银子，按照月利3%计息，累计利息是十八两，他要求蒋文蕙归还的是连本带利的四十八两，可是夏提刑判决的只是三十两，派

痛打蒋文蕙

衙役押蒋文蕙到家索要的也只是三十两银子,为什么没有满足假债主的全部要求?

"违契不偿"的罪名

首先看西门庆策划的这个恶作剧里,由官府判决体罚是否符合当时的法律?

答案是肯定的。《大明律·户律·钱债》规定,"违契不偿"确实作为一项罪名,要处以刑罚。凡是欠债不还,要根据欠债数额的大小、时间的长短分别处刑。欠债数额在五贯以上、不满

大明律(局部)

五十贯的,违约超过三个月,要处笞十(用荆条抽打臀部十下),违约四个月再增加十下,以上递进,至笞四十为止。如果数额在五十贯以上、未满二百五十贯的,违约三个月要处笞二十,以上每一月加一等,罪止笞五十。数额在二百五十贯以上的,违约三月笞三十,每一月加一等,罪止杖六十(荆条抽打背、臀、腿六十下)。

明朝中期后开始普遍使用白银,法律规定铜钱一贯(一千文)等于白银一两。按照那个假契约,蒋文蕙欠银三十两,恰好符合五贯到未满五十贯的第一档罪名。不过那档罪名最高才是笞四十的

刑罚，夏提刑按照西门庆的嘱托，足足打了蒋文蕙"三十大板"。明朝中期以后执行刑罚一般不再使用荆条，而是改用竹板，一般竹板一下抵折原来使用荆条抽打的两下，这个"违约不偿"的罪名最高只是竹板打二十下。而且执行笞刑使用的应该是"小板"，现在夏提刑使用的是"大板"，这也是违法施刑。

另外一个违法的方面，是夏提刑这个"提刑所"衙门是没有此案的管辖权的。《金瓶梅》小说里提到的这个清河县的"提刑所"，是一个治安管理衙门，只能受理治安案件，像钱债纠纷这样的案件，应该是属于当地县衙门、也就是清河县衙门管辖，由清河县知县来审理。所以小说设计的情节是让鲁华和张胜先去蒋文蕙的药铺里去捣乱寻衅，把蒋文蕙拖到街上去打，这样就成了在公开场合斗殴，正好属于治安案件，可以由提刑所先行拘押，然后由提刑官进行审理。不过按照法律，夏提刑只能处理治安方面的罪名，酿成治安案件的钱债纠纷应该移交到县衙门的，小说在这里也就凸显了西门庆的势力，他可以让夏提刑越权来直接处罚，而县衙门也可以装聋作哑、不闻不问。

司法不保护利息债权

按照《大明律·户律·钱债》"违契不偿"这个条文的原文，明确规定在执行完刑罚后，"并追本利给主"，也就是说，官府应该连本带利的追债，归还给债主。

那么,既然夏提刑已经是违法处罚打了蒋文蕙三十大板,为什么在判决中只是要求蒋文蕙归还三十两本金,没有按照鲁华、张胜的说法,索性判他个连本带利归还四十八两?这样的判罚不是更符合法律的规定?难道说是夏提刑良心发现、手下留情?

事实上,在中国古代小说里,描写官府责打"违契不偿"债务人,并帮助债主追讨债务的情节极其稀少。明代其他的长短篇小说里都很难找到类似的情节,只有冯梦龙编著的短篇小说集《醒世恒言》第十七卷"张孝基陈留认舅",讲到一个父子失和的故事:

父亲过善因为儿子过迁好吃懒做,与一帮无赖混在一起,要到县衙门去告过迁"忤逆不孝"。过迁又失手打昏了家里的仆人,自以为是出了人命,慌忙远逃他乡。过迁在外面欠下很多债务,债主见过迁已经失踪半年多,就一起到县衙门告状,要过善偿还。过善到庭,以"子债父不还"为理由抗辩,可是知县不听,宣判说:"今照契偿还本银,利钱勿论。""过善被官府断了,怎敢不依,只得逐一清楚,心中愈加痛恨。"

这个故事提到的判决也是只还原本,不还利息。

明末方汝浩所著《禅真后史》第二回"醉后兔儿追旧债　夜深硕士受飞箭"提到,经商耿寡妇请瞿天民前往河南讨债,说当年"卢店户拖欠下绒缎银一千余两,将及十年光景,并无下落,止留下一张空券。数日前,有一船户来通消息,说这店家近来发迹"。结果瞿天民前往讨账,那卢店户宣称:"众位高邻在此,我与耿家生意往来,又非私债,怎么算得利息?——这是白银一千两,求老管家收去,即刻赐还文券,外要甚么利钱,一毫休想。不然,任你告理,宁可当官结断!"众邻舍一齐道:"我们做店户的拖欠客银,此是常例。要像卢老丈肯还冷账的,千中选一。"瞿天民只得带了本银回复耿寡妇。

这个故事里,卢店主不愿支付利息,也不怕瞿天民去衙门告状,显然有恃无恐,知道衙门判决赔偿利息的可能性很小。

清初由李绿园创作的小说《歧路灯》也有基本相同的描写。第六十六回"虎镇邦放泼催赌债　谭绍闻发急叱富商",说主人公因为参与赌博,欠下巨额债务,被迫借了放高利贷的商人王经千一千多两银子。后来王经千上门讨债,惹恼了谭绍闻,说:"要的有,要不的没有……就是朝廷皇粮,也是一限一限的征比,何况民间私债?——我一时没有,你有法子您使去就是,告在官府,行息的账,官府也不能定期勒追。"王经千只得妥协,答应再缓还债期限。

看来,《金瓶梅》里夏提刑只判归还原本,不判归还利息,还真是那个时代司法界的通例。那么,这是出于什么理由呢?

古代法律对利息的态度

实际上不保护利息债权,是中国古代法律的一贯原则。

比如唐朝的法律明确将债务分为"借"、"贷"(或"便")、"举"三类。"借",就是我们今天法律上所说的"使用借贷",出借的和归还的都是同一件物件。"贷",就是我们今天法律上所说的"消费借贷",出借的物件被债务人消费掉,债务人归还的是和原来出借的物件同品种、同品质、同数量的物件,但不是原来的物件。"举",是专指计算利息的借贷,"举"在中国古代汉语里具有"生育"的意思,在这里就是指原来的债务生出了新的债务。

对于这三类借贷,《唐律疏议·杂律》规定的"违契不偿"罪名仅仅针对前二类"借"和"贷",违契不偿,债务价值在绢帛一匹以上、未满三十匹的,违约二十日笞二十,二十日加一等,"罪止杖六十";三十匹以上的,未满百匹的,加二等处罚;百匹以上,加三等处罚,并责令违约债务人赔偿。最高一直可以判决徒刑。

但是对于"出举"(出借计息)的行为,唐《杂令》规定"任依私契,官不为理",官府并不受理债主要求债务人清偿债务的起诉,任由债主自己想办法讨债。相反如果是债主"违法积利"(以超过法律所限定的6%的月利率来计算利息,或者是以"回利为本"利上滚利的办法来计算利息,或者是利息累计超过了债务原本数额仍要收取利息)、"契外掣夺"(在契约规定的债务数额以外强行扣押债务人财产的),债务人可以起诉,"官为理"。

宋元时代的法律维持唐代法律的这个原则,并且加重了违法取利行为的制裁。南宋法律规定凡是"回利为本"的要处以"杖六十"的刑罚。元朝法律规定违反法律限制收取利息的,要"严行断罪"。

明代法律尽管规定了"违契不偿"的要"并追本利",可是并没有明确的强制执行程序。法律本身规定处罚"违契不偿"罪名的刑罚力度,低于"违禁取利"罪名。凡是放债约定月利超过3%,收取的利息总额超过债务原本的,要处以"笞四十",如果计算违法所得部分较多的,按照"坐赃"处理,最高处刑杖一百。如果因为追讨债务强夺债务人田产、房产、牲畜的要处杖八十,强夺的财产数额超过原债务本息的也要坐赃论罪,最高可以判处杖一百、徒三年。

"为富不仁"法难保

因此,从历代的立法及司法传统来说,都对利息债权采取了"不干涉"的原则。明代法律规定的"并追本利"在司法实践中遭到冷遇也就是这个原则的延伸。

那么为什么中国古代法律会有这样的传统?

简单而言,很重要的一个原因就是,中国古代法律的主体,是朝廷用以维护自己统治的工具。各级司法部门的中心任务,也是在于维护朝廷统治,防止叛乱造反。民间的债务纠纷,不会直接威胁到朝廷统治,因此在立法上和司法上都予以淡化处理,尽可能采取"任依私契,官不为理"的不干涉原则。

还有一个原因,是正统政治哲学对于民间财产采取的蔑视态度。无论是儒家还是法家的学说,都很少有尊重财产权利的概念。比如儒家著名的"为富不仁"(《孟子·滕文公上》)的说法,是后世士大夫的重要精神支柱。而主张"富国强兵"的法家《商君书·去强》,认为"治国能令贫者富,富者贫,则国多力,多力者王"。

由于这些因素,中国古代社会的私有制没有发展成近代资本主义私有制那样一种绝对的排他性的法律体系,私有制没有能够上升到"神圣不可侵犯"的地位,表现出一定的同情经济弱势阶层的面貌。

- 壹 历经坎坷的表兄妹婚姻
- 贰 马道婆的巫术案
- 叁 "家生子"和"外面的"
- 肆 探春不认舅
- 伍 凤姐"炒作"张华案
- 陆 凤姐放债引火烧身

历经坎坷的表兄妹婚姻

宝黛能否成婚？

大家都知道《红楼梦》里的贾宝玉和林黛玉,是千古第一对情人。可是这对情人要以当今的眼光来看,他们两人是姑表亲,法律还禁止他们成婚。而且不仅是林黛玉,在《红楼梦》小说里,但凡跟贾宝玉的婚姻沾边的女孩子,还都是他的亲戚。林黛玉跟他是姑表亲,薛宝钗跟他是姨表亲,唯有史湘云跟他的亲属关系比较远,是舅姥爷的孙女。

虽然今天的人觉得表兄妹结婚有违法律,那么在那个时代是合法的吗?是很稀松平常的事情吗?

答案不是那么简单。

看一下成书年代略早于《红楼梦》的《聊斋志异》,里面恰好也有一个表兄妹恋爱的故事,不过那是一个有点闹剧色彩的故事。

《聊斋志异·寄生》小说中,男主人公寄生痴情的对象也是

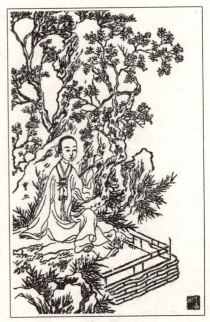

宝 玉

他的表妹郑闺秀,因思念成病,父母为此请媒人去提亲。郑闺秀的父亲是个秀才,"性方谨,以中表为嫌,却之"。就是说郑秀才性格很谨慎,认为两家是中表亲,不应该成亲,加以拒绝。后来郑闺秀因相思而得病,寄生又另外定了亲,是本地的一个美女张五可。郑闺秀听说了,心情郁闷,由此病重。母亲知道后,悲痛不已,指责迂腐的老公郑秀才:"我的侄儿人不坏,为什么你为了守自己的'头巾戒',要害死我的乖女儿!"她想出的解决办法是,索性让郑闺秀以妾的身份嫁给寄生。可是郑秀才更光火,反而说:"你生出这样没出息的女儿,还不如早早死掉,免得落下笑柄!"由此夫妻反目,不

再交谈。郑闺秀的母亲在寄生结婚那天,借口帮侄儿办喜事回娘家,先借用寄生准备去迎亲的婚车,乘机将郑闺秀打扮整齐,要仆从大吹大擂,直接送到洞房,挟持寄生先拜了天地。那边张家见寄生家迎新的车马不来,也径直把张五可打扮送到寄生家,在另一个房间落脚。寄生和母亲两边周旋,于是以两位新娘的年纪为序,闺秀为"姊",五可为"妹"。张五可见闺秀"风致宜人",自叹不如,从此"相爱如姊妹"。实际上蒲松龄的安排,还是闺秀为妻、五可为妾。没有直接去抵触一夫一妻多妾的既有体制。

可见,同样是清代,表兄妹结婚是法律不允许的,是守法的好秀才不愿意答应的亲事。那么,古代法律对此究竟有没有明确的规定呢?

表兄妹婚姻的法律规定

实际上,就中国古代法律来说,明代以前的法律并不禁止表兄妹结婚。中国古代将父亲的姐妹(姑母)的子女称为"外兄弟姐妹",将母亲兄弟(舅父)姐妹(姨母)的子女称为"内兄弟姐妹";外为表,内为中,统称为"中表亲"。

明朝以前,只有西魏在大统九年(543年)曾发布法令,"禁中外及从母兄弟姊妹为婚"。后来唐宋元各代,法律对此并不禁止。比如具有典型意义的《唐律疏议》里,第十四卷《户婚律》"诸同姓为婚"条,第一项是禁止同姓婚姻,第二项禁止部分亲属之间的婚姻:"若外姻有服属而尊卑共为婚姻,及娶同母异父姊妹,若妻前夫之女者(谓妻所生者。馀条称前夫之女者,准此)亦各以奸论。"

黛 玉

根据这一法条后的立法解释,这里禁止婚姻的"外姻有服属"亲属范围,包括了外祖父母、舅、姨,妻之父母,如果和这些亲属婚姻,就违背了辈分,"尊卑共为婚姻",法律要禁止,按照"奸罪"处罚。另外不得与同母异父的姐妹,妻子带来的前夫的女儿结婚,否则也构成"奸罪"。

第三项也是禁止远亲之间不同辈分的婚姻:"其父母之姑、舅、两姨姊妹及姨、若堂姨,母之姑、堂姑,已之堂姨及再从姨、堂外甥女,女婿姊妹,并不得为婚姻,违者各杖一百。并离之。"

第三项规定,往往被误解为是禁止中表亲,但是实际上仔细阅读这一法条的立法解释,可以看到,它禁止仍然是出了法定亲属"五服"之外的、不同辈分亲属之间的婚姻。"父母姑、舅、两姨姊妹"是指父亲母亲的姑姑、舅舅、两姨姐妹,这些亲属出了"五服",不属于法定亲属,即便是年龄相差无几,但是辈分尊卑有别,禁止成婚。自己的姨妈、堂姨妈、再从(隔了三代的)姨妈,自己的堂外甥,自己女婿的姐妹,也都出了"五服"(法定亲属范围),"据理不可为婚"。立法解释说明这一项禁止婚姻的立法理由:"并为尊卑混乱,人伦失序。"如果发生婚姻的,男女都要处"杖一百"的刑罚。"同姓为婚"整个条文内,所有的触犯该条者,即使是因为朝廷发布大赦而被免除刑罚处罚,也全部要解除婚姻关系。

因此,对于辈分相同的表兄妹结婚,唐律根本就没有提到。不禁止,自然也就是允许。汉唐宋元,历经千年,中表亲婚姻被认为是"亲上加亲",是加强亲属血缘关系的重大而有效的举措。

矫枉过正的法律规定

明太祖朱元璋出身草莽,当了皇帝后自命要消除"胡俗",恢复中华传统文化的纯净。认为蒙古族统治者在入主中原时期,传入了一些蒙古族以及西域民族的习俗,是对汉族传统文化的"污染"。因此他在立法的时候,特别注意排除少数民族生活习俗的内容。他亲自参与制定了《大明律》,并强调将来子孙对这部法典不得有一字修改。

在表兄妹结婚问题上,他以为近亲属之间的婚姻是蒙古族的习俗,而且他亲自和幕僚们研读《唐律疏议》的时候,似乎也有理解上的错误,认为唐律中"其父母之姑、舅、两姨姊妹及姨、若堂姨",其中的"姑、舅、两姨姊妹"就是指当事人本人的"姑、舅、两姨姊妹",没有注意到前面的主语分明是"父母",把"父母"当成了说明"姑、舅、两姨姊妹"来源的意思。因此在《大明律·户律·婚姻》中明文规定:"若娶己之姑舅两姨姊妹者,杖八十,并离异。"无论是父系还是母系的表兄妹,结婚的都一律要强制离异,女方归还父母家,聘礼全部官府没收。"杖八十"的处罚,是针对主婚的尊长。

当时翰林待诏朱善上书,说历代法律从不禁止中表结亲,禁止的只是与姑舅姨结婚这样乱了辈分的婚姻。而且在春秋的时候,列国都是世代表亲通婚。现在法律这样规定,一些人乘机以揭发他人中表亲结婚来进行讹诈,已婚的离异,有子女的骨肉相离。他请求讨论松弛这条禁令。

朱元璋先是同意,可是不久在他亲自发布的《御制大诰》特别法令里,却又将表兄妹结婚列为"罪不容诛"的死罪。这个《御制大诰》在明初施行了几十年,后来不再施行。而明律里依然保留了禁止中表亲婚姻的条文,司法上虽不至于严厉实施,但毕竟有相当的威慑力,民间中表亲处在比较灰色的地带。

不过到了明朝末年,这个禁令已经相当松弛,民间已不把它当回事。比如在晚明小说里,像《红楼梦》这样男女主人公都是中表亲结婚的,并不少见。冯梦龙《警世通言》第三十四卷"王娇鸾百年长恨"讲的是一个书生周廷章以同姓认姑侄,然后与干表妹私下定情后来又负心,终遭报复的故事。小说里提到,女主人公的妹妹是"与表兄对姻"。又如凌蒙初《拍案惊奇》第十卷"韩秀才乘乱聘娇妻",讲一个明朝本朝的故事,完全没有表亲结亲的忌讳。故事里金朝奉为悔婚,故意让自己的小舅子来告发自己,说是早已将这对表兄妹定亲在先。可是后来知州的判决,却毫无中表结亲、法律禁止的内容,只是确认所谓的表兄妹定亲的文书是伪造的,判决金朝奉的女儿与韩秀才婚姻有效。《二刻拍案惊奇》卷之三"权学士权认远乡姑 白孺人白嫁亲生女"讲的是一个翰林学士因为淘古董淘到了分成两半的钿盒,并有纸条文字说明是结亲表证,由此寻访到女方处,冒充表亲前去相认成亲。后来皆大欢喜。

清初的禁令

清朝入关后,完全沿用了明朝的法律。尤其是清初采用政治高压为社会政策的基调,严厉实施镇压,民间普遍有畏惧感。中表亲婚姻很可能被别有用心的小人作为勒索的原因,因此至少在士大夫之间,对于中表亲相当谨慎。

这种谨慎态度在文学作品中有相当的反映。比如清初作家李渔在《十二楼·合影楼》里借着一个老学究的口吻,专门告诫中表兄妹要分外的注意"男女之大防":"夫人有所不知,'男女授受不亲'这句话头,单为至亲而设。若还是陌路之人,他何由进我的门,何由入我的室?既不进门入室,又何须分别嫌疑?单为碍了亲情,不便拒绝,所以有穿房入户之事。这分别嫌疑的礼数,就由此而起。别样的瓜葛,亲者自亲,疏者自疏,皆有一定之理。独是两姨之子,姑舅之儿,这种亲情,最难分别。说他不是兄妹,又系一人所出,似有共体之情;说他竟是兄妹,又属两姓之人,并无同胞之义。因在似亲似疏之间,古人委决不下,不曾注有定仪,所以泾渭难分,彼此互见，以致有不清不白之事做将出来。历观野史传奇，儿女私情大半出于中表。皆因做父母的没有真知灼见，竟把他当了兄妹，穿房入户，难以提防，所以混乱至此。我乃主持风教的人，岂可不加辨别，仍蹈世俗之陋规乎？"所以小说主人公的家长特意在两栋楼之间开挖水面，隔绝表兄妹交往。特别讽刺的是，结果因为两位男女主人公在水面的投影而互相爱慕，相思不止，几经周折，终成眷属。

因此在蒲松龄写作《聊斋志异·寄生》时，郑闺秀的父亲作为一名应知礼法的秀才，有所顾忌就是很自然的。

表兄妹婚姻的开禁

然而，实际上就在蒲松龄去世（1715 年）后不久的雍正八年（1730 年），清朝廷制定条例，明确凡是中表亲结婚的，"听从民便"，不再禁止。民间本来就盛行中表亲"亲上加亲"，清朝后期这一习俗得以完全合法。

《红楼梦》小说创作之时，雍正八年的这条条例已经生效，因此作者不必回避这个禁忌，大写表兄妹婚姻。

评剧艺术的开创者成兆才（1874—1929 年）在民国初年编写了《花为媒》。该剧就是取材于《聊斋志异》中的《寄生》篇，可是在评剧《花为媒》创作的民国初期，仍然沿用的是清代的法律，因此作者成兆才不能设计以中表亲结婚违法作为王俊卿与李月娥婚事的障碍,只好设计由李月娥父亲认定王俊卿"举止轻薄"来反对。

后来在1931年实施的《中华民国民法·亲属编》,禁止八亲等以内的旁系亲属结婚(表兄妹只是四亲等),但对于表兄妹结婚仍然采用遵从民间习惯的原则,明确"表兄弟姊妹"结婚不在禁止之列。

从《红楼梦》里的宝黛、宝钗的表兄妹婚姻,我们看到中国古代法律在这个问题上的大起大落的演变。从今天的科学知识来说,我们知道了为了后代的健康,我们需要避免近亲结婚。但明太祖

宝玉、宝钗大婚

一味以粗暴的刑罚来禁止表兄妹婚姻,并没有将这样做的道理讲清楚,因此这种近亲婚姻仍然在社会上普遍存在。相反,清朝的雍正皇帝就很清楚地知道这条禁令于事无补,白白地增加社会矛盾,因此立法废除原有条文,开禁。可见,一个社会普遍接受的观念,要立法纠正的话,就需要把道理讲清楚,否则的话,刑罚再重、威胁再严厉,也没有什么实际效力可言。

马道婆的巫术案

神五神六的马道婆

红楼梦里刑事案件的故事不多,不过有一件发生在荣国府里的刑事案件,倒是性质非常严重。这就是赵姨娘为了报复凤姐平日里对她的刻薄,以及为了她自己生的儿子贾环和贾宝玉争宠,不惜重金,请马道婆作法,用巫术企图谋害凤姐、宝玉。

故事发生在小说的第二十五回"魇魔法姊弟逢五鬼 红楼梦

通灵遇双真"。说的是这马道婆来贾府打秋风,原来这老婆子是"宝玉寄名的干娘"。这马道婆见宝玉脸上一块红肿——那是贾环故意拿蜡烛油烫的,"唬一大跳",向宝玉脸上用指头画了一画,口内嘟嘟囔囔的又持诵了一回,说道:"管保就好了,这不过是一时飞灾。"

然后这婆子立刻找到一个搞钱的门路,于是就向贾母道:"祖宗老菩萨那(哪)里知道,那经典佛法上说的利害,大凡那王公卿相人家的子弟,只一生长下来,暗里便有许多促狭鬼跟着他,得空便拧他一下,或掐他一下,或吃饭时打下他的饭碗来,或走着推他一跤,所以往往的那些大家子孙多有长不大的。"

先这么一诈唬,贾母果然上钩,便赶着问:"这有什么佛法解释没有呢?"马道婆随口就编:"这个容易,只是替他多作些因果善事也就罢了。再那经上还说,西方有位大光明普照菩萨,专管照耀阴暗邪祟,若有善男子善女子虔心供奉者,可以永佑儿孙康宁安静,再无惊恐邪祟撞客之灾。"贾母道:"倒不知怎么个供奉这位菩萨?"马道婆说只要供长明灯就行。贾母问:"一天一夜也得多少油?明白告诉我,我也好作这件功德的。"马道婆精于讲价钱的,就划出一个范围,从"南安郡王府里的太妃"一天是四十八斤油,一斤灯草;到"小家子穷人家"的四两半斤。贾母还没有决定,马道婆赶紧确定范围:"还有一件,若是为父母尊亲长上的,多舍些不妨,若是象老祖宗如今为宝玉,若舍多了倒不好,还怕哥儿禁不起,倒折了福,也不当家花花的,要舍,大则七斤,小则五斤,也就是了。"贾母这才下了决心说:"既是这样说,你便一日五斤合准了,每月打躉来关了去。"

阴暗邪祟的主谋

这边马道婆为宝玉请了专管照耀阴暗邪祟的大光明普照菩萨,转一圈到了赵姨娘那里,马上就成了阴暗邪祟的主谋。起先不过是想弄一副鞋面,听赵姨娘说起怨恨宝玉夺了自己儿子的宠,尤其是怨恨凤姐刻薄自己,搜刮了贾家的家财。马道婆见有机可乘,立刻有所表示:"鼻子里一笑,半晌说道:'不是我说句造孽的话,你们没有本事!——也难怪别人,明不敢怎样,暗里也就算计了,还等到这如今!'"

这话引得赵姨娘恶从心头起,立刻求马道婆想办法。可马道婆只是为了钱而已,问赵姨娘:"靠你有些什么东西能打动我?"赵姨娘先是开了张支票:"你若果然法子灵验,把他两个绝了,明日这家私不怕不是我环儿的,那时你要什么不得?"她许了个远愿,可马道婆要的是现银,说道:"那时候事情妥了,又无凭据,你还理我呢!"

赵姨娘只好立刻开销,请人去写了一个五百两的欠条,"赵姨娘便印了个手模"。翻箱倒柜,找出自己的几两私房银子。马道婆照单全收后,"向裤腰里掏了半晌,掏出十个纸铰的青面白发的鬼来,并两个纸人,递与赵姨娘,又悄悄地教她道:'把他两个的年庚八字写在这两个纸人身上,一并五个鬼都掖在他们各人的床上就完了,我只在家里作法,自有效验,千万小心,不要害怕!'"

宝玉凤姐齐中招

果然第二天,这里宝玉拉着林黛玉的袖子,说不出话来,忽然"嗳哟"了一声,说:"好头疼!"林黛玉道:"该,阿弥陀佛!"只见宝玉大叫一声:"我要死!"将身一纵,离地跳有三四尺高,口内乱嚷乱叫,说起胡话来了。"拿刀弄杖,寻死觅活"。那边"凤姐手持一把明晃晃钢刀砍进园来,见鸡杀鸡,见狗杀狗,见人就要杀人"。两人好不容易被人抱住放倒后,"二人愈

凤姐中邪

发糊涂,不省人事,睡在床上,浑身火炭一般,口内无般不说"。

贾府阖府大乱,后来是疯疯癫癫僧道来,说是那块宝玉受了点污染,效力减退。拿着玉说了一些疯话,嘱咐将两人安置在安静场所,静养几天,宝玉自会显灵,驱退邪魔,自然会好。两天后两人果然见好。

后来高鹗在第一百一十二、一百一十三回补写了一段赵姨娘的报应，说赵姨娘"在寺内得了暴病"，不断诉说自己和马道婆当年搞阴谋要谋害宝玉、凤姐的事情。"双膝跪在地下，说一回，哭一回，有时爬在地下叫饶，说：'打杀我了！红胡子的老爷，我再不敢了。'有一时双手合着，也是叫疼，眼睛突出，嘴里鲜血直流，头发披散。"整整闹了一夜才死。"一人传十，十人传百，都知道赵姨娘使了毒心害人被阴司里拷打死了。"

小说的续写者没有去费神写马道婆的下场，只是把赵姨娘的下场作为恶毒阴谋的报应。那么赵姨娘和马道婆搞的这个阴谋诡计，在阴间要遭报应，那么在阳间，法律管得了么？如果当时揭穿的话，会有什么后果呢？为什么作家没有写一下马道婆的下场？

处置巫术的专门法律

在我们今天看来，使用这样的巫术来害人，有点可笑，因为按照现在大家普遍的知识水平，知道用这个办法害不了人，是法学上所谓的"不能犯"。可是在古代，人们普遍认为巫术很厉害，因此历代法律也都把这种行为列入重罪。

比如唐律里，列为"十恶"大罪的"不道"，其中就有一个罪名"厌魅"。法律的立法解释是，"厌魅者，其事多端，不可具述，皆谓邪俗阴行不轨，欲令前人疾苦及死者"。就是专门指巫术害人的行为。

一僧一道

按照《唐律疏议》的解释,"厌"是指"或图画形像,或刻作人身,刺心钉眼,系手缚足,如此厌胜,事非一绪",就是和马道婆一样的办法了。"魅"是"或假托鬼神,或妄行左道之类;或祝或诅,欲以杀人者",这是向鬼神祈祷,画符,请鬼神帮助害人,或者是发愿,害了人如何如何报答鬼神,或者是反过来,威胁鬼神,要是不服从,就要如何如何为难鬼神。

使用这样方法想要杀人的,是按照谋杀罪来处罚,被害人没有死的,比照谋杀未遂减二等处罚,谋杀未遂是徒三年,减二等就是徒二年。只有是受害人是加害人"期亲尊长及外祖父母、夫、夫之祖父母、父母",各不减等处罚,也就是说,这种行为构成谋杀期亲尊长及外祖父母、夫、夫之祖父母、父母,是属于十恶另一项"恶逆"的大罪,要处以"皆斩"。

如果加害人的目的是使受害人"疾苦",并没有侵害生命故意的,受害人没有因此受伤害的,还可以再减二等,那就是徒一年而已。但是如果是子孙对于祖父母、父母,以及奴婢、部曲对于主人有这样行为的,就不得减罪,仍然按照恶逆罪处罚,全部处死刑。在立法者对法律的解释中还特意说明,卑幼亲属对于祖父母、父母以外的"期亲尊长、外祖父母、夫、夫之祖父母、父母"之类的长辈亲属有使用巫术来试图使之"疾苦"的,就要按照谋杀罚减二等处罚(徒三年)。

如果是主谋使用巫术企图使长辈以外的近亲属"疾苦"的,法律是比照殴打近亲属来规定,未遂的就是按照法律减两等处罚,已遂的、对方确实"疾苦"了的,就算是殴打伤害了近亲属长辈,按照十恶当中的"不睦"来进行处罚。

如果子孙为了博得祖父母、父母的宠爱,或者是奴婢、部曲为了获得主人恩宠,而使用巫术的,就要处以流二千里。不过如果是臣民为了谋求皇帝的恩宠而同样适用巫术的,就要"皆斩"。"若涉乘舆者,罪无首从,皆合处斩。直求爱媚,便得极刑。"

唐朝的这条法律很有意思。它先是把这个罪名定性定得很重,定到"十恶"里去,是不道,是不得赦免的罪行;可是在具体处刑的规定上,又非常的谨慎,对于没有伤害后果的巫术害人行为,比谋杀已行未伤的未遂罪行减轻两等。其次,法律的一大部分,是规定对于尊亲属、对于主人、对于皇帝施行这项行为的处罚,一律处以最高最重的惩罚。

这里就显示出的唐律的立法原则,它的逻辑是这样的:

首先,巫术侵害行为是需要禁止的,要把它列入"十恶",警告所有的百姓不得使用。

其次,由于巫术害人事涉阴邪,难以查证,有可能会造成诬告盛行、扰乱官府的情况。因此对于普通人的巫术侵害,是要看后果的,没有后果,处刑就要减轻。防止被人滥用,陷害好人。

最后,对于直系尊长、主人、皇帝,这样的念头是绝对不容许产生,只要有了犯意,就必须严惩。

以后明清的法律基本沿袭了这个法律,只是更加简洁,规定巫术害人的,按照谋杀已行未伤来处罚,没有减等的规定;致死的按照谋杀处死刑;如果目的是要受害人"疾苦"的,才减谋杀罪二等;针对祖父母和父母(包括对于丈夫的祖父母方面)、针对主人的,都处斩。

赵姨娘和马道婆的应有下场

从以上的法律规定可以得知,赵姨娘和马道婆的巫术案件,是涉及了十恶的重大犯罪。不过赵姨娘企图谋害的是丈夫的嫡子和丈夫的侄媳;嫡子是期亲,侄媳是小功亲,都没有构成尊长亲属,因此没有加重处罚的情节,只是普通人的巫术相害。巫术差点成功,因此符合明清法律"若伤而不死,造意者绞(监候),从而加功者,杖一百流三千里"。赵姨娘是造意犯,是首犯,要处绞刑;马道婆是实施者,算从犯,要处流三千里,都不得赦免。在做官出身、熟悉清朝法律的高鹗看来,"首恶必办",首犯是赵姨娘,必须要给她一个极其悲惨的下场;马道婆是从犯,就不必再费笔墨了。

巫术害人,在世界各个古代文明里,都是一个极其严重的犯罪。就在中国明朝同时期,西欧几乎所有的国家,都在疯狂地大抓女巫,村庄里的一切灾祸:小孩发疹、鸡瘟牛病、水旱灾荒之类的,都会被指是与魔鬼勾结的"女巫"作祟,女巫抓来,完全依靠口供定罪,刑罚都是火刑——把人活活烧死。在15、16世纪,西欧被烧死的女巫的数目,估计至少有40万。相比之下,中国古代,至少在唐代的法律里,已经具有对这种"犯罪"行为比较理性的规定了。

欧洲中世纪火刑

  我们从红楼梦赵姨娘和马道婆的阴谋里可以看出,当时人们对于巫术害人是深恶痛绝,但是并没有因此发生歇斯底里的恐慌,人们相信"邪不压正",而且相信干这样阴私勾当的人会得到最惨重的报应。

"家生子"和"外面的"

不愿被赎身的袭人

《红楼梦》里提到了众多的丫鬟,其中作者着意描绘的,是贾宝玉身边的袭人和晴雯,算是入了"金陵十二钗"的"又副册"。

袭人因为性格温顺,得到贾母、王夫人等荣国府权势人物的欣赏,希望袭人能够在宝玉身旁劝导,走他们理想中的"正道"。他们打算让宝玉将袭人"收房",并升袭人为宝玉的妾。正如王夫人向贾母说明:"若说沉重知大礼,莫若袭人第一。虽说贤妻美妾,然也要性情和顺举止沉重的更好些。就是袭人模样虽比晴雯略次一等,然放在房里,也算得一二等的了。况且行事大方,心地老实,这几年来,从未逢迎着宝玉淘气。凡宝玉十分胡闹的事,他只有死劝的。因此品择了二年,一点不错了。……且不明说者,一则宝玉年纪尚小,老爷知道了又恐说耽误了读书,二则宝玉再自为已是跟前的人不敢劝他说他,反倒纵性起来,所以直到今日才回明老太太。"

而袭人自己也非常自觉地配合荣国府的家族大计。最典型的是第十九回"情切切良宵花解语 意绵绵静日玉生香"。袭人一次回家过年,母亲和哥哥花自芳和她商量,打算为她赎身,恢复自由身份,找个好婆家出嫁。袭人自己已经是一口回绝。可是回到贾府,她为了劝谏宝玉走"正道",故意说自己家要为自己赎身,要离开宝玉了。

袭人道:"我今儿听见我妈和哥哥商议,教我再耐烦一年,明年他们上来,就赎我出去的呢。"宝玉听了这话,越发怔了,因问:"为什么要赎你?"袭人道:"这话奇了!我又比不得是这里的家生子儿,一家子都在别处,独我一个人在这里,怎么是个了局?""其实我又不过是个平常的人,比我强的多而且多。自我从小儿来了,跟着老太太,先服侍了

袭　人

史大姑娘几年,如今又服侍了你几年。如今我们家来赎,正是该叫去的,只怕连身价也不要,就开恩叫我去呢。"

其实原来袭人在家,听见他母兄要赎他回去,他就说至死也不回去的。又说:"当日原是你们没饭吃,就剩我还值几两银子,若不叫你们卖,没有个看着老子娘饿死的理。如今幸而卖到这个地方,吃穿和主子一样,又不朝打暮骂。况且如今爹虽没了,你们却又整理的家成业就,复了元气。若果然还艰难,把我赎出来,再多掏澄几个钱,也还罢了,其实又不难了。这会子又赎我作什么?权当我死了,再不必起赎我的念头!"

袭人的母亲和大哥见她这般坚执,再想"原是卖倒的死契",并没有明确规定可以赎身,只是盼望"明仗着贾宅是慈善宽厚之家,不过求一求,只怕身价银一并赏了"。后来宝玉去了花家看望袭人,"他二个又是那般景况",袭人的母亲和大哥"心下更明白了",知道袭人将来会成为宝玉的偏房,"是意外之想",于是"彼此放心,再无赎念了"。

被驱逐的晴雯

和袭人一样,晴雯也是这样被卖到贾府的。小说第七十七回,回述晴雯的出身:晴雯原来是贾府的管家奴仆"赖大家的"用银子买来的,那时晴雯才得十岁,"尚未留头",经常跟在赖大母亲"赖嬷嬷"后面,到贾母那里请安。贾母见晴雯生得伶俐标致,十分喜爱。

赖嬷嬷感觉到晴雯得到主子的喜爱，就将晴雯"孝敬了贾母使唤"。从奴仆的奴仆，上升到了主子的奴仆。后来贾母将晴雯发派到了宝玉房里。

晴雯比袭人的出身要苦很多。她大概是人贩子转卖的，刚进贾府时，已经不记得家乡父母。后来想起有个姑舅哥哥，是做厨师的，也沦落在外。因此去向赖大家的求情，找到表哥，也收买进来"吃工食"，进了贾府的大厨房。赖大家的又把家里一个女孩子配了这位晴雯的表哥。成了房后，谁知他这姑舅哥哥一朝身安泰，就忘却当年流落时，任意吃死酒，家小也不顾，得了个"多浑虫"的绰号。而娶的妻子"多情美色"，号为"多姑娘"，"满宅内便延揽英雄，收纳材俊，上上下下竟有一半是他考试过的"。

晴雯漂亮能干，只是和袭人不一样，晴雯被贾府的权势人物深深怀疑。尤其是王夫人非常讨厌她。后来就以晴雯生了"女儿痨"为名，将晴雯赶出贾府，照王夫人的说法，"所以我就赶着叫他下去了，若养好了也不用叫他进来，就赏他家配人去也罢了"。

可是晴雯和袭人不一样，在外面已经没有了家，只好到"多浑虫"表哥那里暂住，宝玉去探望过一回，还被多姑娘纠缠一回。晴雯就在表哥那里断了气。

看来，小说提到了有两种奴才，一种是像袭人晴雯那样小时候被家长或人贩子用"卖倒了的死契"卖到贾府来的，他们在贾府之外另外有家；还有一种是"某某家"的，全家都在贾府服役，是"家生子"的。

那么,这确实是当时社会现实吗?可以赎身的奴才和家生子奴才,在法律上的地位有多大差别呢?

晴　雯

古代法律中的奴隶制度

要解答这个问题,就要了解一下中国古代的奴隶制度了。

和古代世界大多数国家一样,中国古代的法律将奴婢(男为奴、女为婢)视为官府或其主人的财产,如《唐律疏议·名例律》明确规定:"其奴婢同于资财","奴婢贱人,律比畜产"。《唐律疏议·贼盗律》将诱拐他人奴婢,视为盗窃罪处理;劫持他人奴婢的,按照强盗罪处理。两宋时期的法律仍然如此规定。在宋代法典的解释书《刑统赋解》里,专门解释整个法典中凡是称呼为"人"的,并不包括奴婢,"称人不及于奴婢";原因是"奴婢贱隶,难同人比",只有在和主人一起被"夜盗"杀害或者在作证的时候,"权为人类",其余情况下"俱同财例"。

明清法律对传统的奴隶制度有所修正。首先,法律禁止一般人家豢养奴婢。《大明律·户律·户役》有"庶民之家存养奴婢者,杖一百,即放从良"的条文,清律沿袭。另外明代还曾立法,限制贵族官僚存养奴婢的数量。"公侯家不过二十人,一品不过十二人,二品不过十人,三品不过八人"。这些禁令实际效果很差,不过至少是对奴隶制度的一个抑制。

《红楼梦》里的贾府是侯爵之家,有豢养奴婢的权力。贾府奴婢的来源主要是"家生子",就是原来在战争中掳掠人口的后代。这些奴婢世世代代在贾府生活,比如赖大家、周瑞家、林之孝家、张材家等,已经成为贾府专职管家,但身份依然是"家生子",没有人生自由。

而袭人、晴雯这样买来的丫鬟,是否严格按照奴婢定性,实际上法律是有疑问的。因为袭人、晴雯的家庭都是平民,按照明清时法律,家长不能出卖子女为奴婢,买主也不能收买平民子女为奴婢。如果强迫子孙为奴婢的,家长要处"杖八十":出卖弟、妹及侄、侄孙、外孙、自己的妾、儿媳妇、孙媳妇为奴婢的,要处"杖八十徒二年"。如果是"和卖"(子孙及卑幼亲属愿意被卖的,就比如袭人)的,家长处刑可以减轻一等。被卖的子孙卑幼亲属不处罚,"给亲完聚"(回到家长身边)。

按照清代法律,买卖奴婢应该经过官府见证,契约加盖官印为"红契"。买卖平民子女自然不可能得到官府的公开确认。卖身契上没有官府的红印,所以叫"白契"奴婢。不过实际上八旗贵族收买平民子女为奴的情况实在太普遍,后来清朝立法规定,在雍正十三年(1735年)以前,八旗人员"白契"所买的奴婢,一律不准赎身。如果有逃走的,主人可以请求官府予以追捕。下一年,也就是乾隆元年(1736年)以后,白契所买的单身以及带有妻室子女的,准许赎身。但是如果买主已经配给了妻室的,比如像晴雯的表哥"多浑虫"那样,就不准赎身。

清代规定所有的八旗人员都可以豢养奴婢,可是大量汉族官僚、士大夫、富商、地主之类既非贵族、也非旗人的有钱有势者,能否收买平民子女为奴婢?实际上当然是很普遍的,只是为了避免"买良为贱"的罪名,以及规避"庶民之家不得存养奴婢"的法律,一般在契约上写的都是"义子"(或"义男")、"义女"(或养女)之类的名目。

袭人所谓"卖倒的死契",是指契约本身没有规定将来可以"赎回"的这种卖身契,和"典身契约"相对而言。一般来说,无论是以卖身为奴婢、还是以"收养义子"之类的名目来立契,卖方都要保证,被出卖者将来有伤病"不虞"(死亡)等情,"此系天命,不干买主之事"。

奴婢的境遇

那么袭人、晴雯这样的"外面"的丫鬟,和"家生"的奴婢究竟有什么不一样?

我们从小说里看到,没有什么两样,无论待遇、差使都是一样。只是"外面"的丫鬟有可能被家里赎回,与平民婚嫁。比如后来宝玉失踪后,袭人还是被花家接回去,嫁给了蒋玉函,恢复了平民身份。

而"家生"的奴婢不存在这种可能性,婚嫁都要凭主人指定,丫鬟一般都是指派给家里的"小厮",长得好点的有的会被"收房",也有的会成为主人的小老婆。最典型的例子就是贾母的丫鬟鸳鸯。

鸳鸯是贾府的家生子,父母都是贾府的奴仆,被派到南京去"看房子",很少上京。哥哥金文翔是贾母房里的"买办"(专门从事采购的奴仆),嫂子是贾母房里专管浆洗衣服的。鸳鸯自己是贾母的贴身丫鬟,照李纨和凤姐说法,"老太太离了鸳鸯,饭也吃不下去的"。后来贾赦看上了鸳鸯,要弄来做自己的小老婆。贾赦的大老婆邢夫人亲自来向鸳鸯说明:大老爷"意思要和老太太讨了你去,收在屋里。你比不得外头新买的,你这一进去了,进门就开了脸,就封你姨娘,又体面,又尊贵。你又是个要强的人,俗话说的,'金子终得金子换',谁知竟被老爷看重了你"。鸳鸯自己不愿意,凤姐的丫鬟平儿劝她:"你不去未必得干休,大老爷的性子你是知道的。虽然你是老太太房里的人,此刻不敢把你怎么样,将来难道你跟老太太一辈子不成?也要出去的。那时落了他的手,倒不好了。"鸳鸯冷笑道:"老太太在一日,我一日不离这里,若是老太太归西去了,他横竖还有三年的孝呢,没个娘才死了他先纳小老婆的!等过三年,知道又是怎么个光景,那时再说。纵到了至急为难,我剪了头发作姑子去,不然,还有一死。"鸳鸯还说:"家生女儿怎么样?'牛

鸳 鸯

不吃水强按头'?我不愿意,难道杀我的老子娘不成?"后来是贾母出面反对,这事才作罢。可是后来贾母一死,鸳鸯没有办法,真的只好上吊自杀。

在法律上,"家生子"和"外面"的区别,仅仅在主人和奴婢之间发生身体侵害情况下,有一定的差别性规定。

按照《大清律例》"奴婢殴家长"条所载的条例,"白契所买奴婢",如有杀伤家长及杀伤家长法定亲属的,无论年限,以及是否曾由主人指定婚配,一律按照"奴婢杀伤家长一体治罪"(不论首从皆

凌迟处死)。而"家长杀伤白契所买、恩养年久、配有室家"的奴婢，按照杀伤普通奴婢论罪(故意杀害奴婢，处杖六十徒一年；奴婢有罪主人责罚致死，处杖一百)。如果家长杀伤尚未指定婚配的白契所买奴婢，比照"杀伤雇工人论"(减杀伤平民罪三等处罚，致死杖一百徒三年)。

我们从袭人、晴雯的身份特性，了解到了中国古代的奴隶制度的一个侧面，中国古代法律、尤其是明清时代的法律，对于奴隶制度是有一定的限制的，主要有主人的身份要求、不得买良为贱等。但只要社会本身存有奴隶制度，而且社会经济的巨大贫富差别存在，奴隶制度的扩张无可避免。袭人、晴雯这样的结局也可以说是"命中注定"。

探春不认舅

亲妈叫"姨娘",亲女称"姑娘"

《红楼梦》的金陵十二钗里,探春是给人留下深刻印象的一个。最能展现探春性格的,是凤姐生病后,探春与李纨代理管家时,和她的亲生母亲赵姨娘发生的一场冲突。

第五十五回"辱亲女愚妾争闲气　欺幼主刁奴蓄险心",李纨与探春刚开始代理凤姐职责,就碰到了难办的事情。管家婆吴新登家的进来报告说:"赵姨娘的兄弟赵国基昨日死了。昨日回过太太,太太说知道了,叫回姑娘奶奶来。"就等着李纨和探春拿主意。如果是凤姐管事,这些管家婆就会提出建议,过去这样的事情是如何处理的老规矩。现在,都想看李纨和探春这两个新手的笑话。

李纨想了一想,说:"前儿袭人的妈死了,听见说赏银四十两。这也赏他四十两罢了。"吴新登家的听了,忙答应了是,接了"对牌"(发放现金的凭证)就走。可探春说:"你且别支银子。我且问你:那几年老太太屋里的几位老姨奶奶,也有家里的也有外头的这两个分别。家里的若死了人是赏多少,外头的死了人是赏多少,你且说两个我们听听。"吴新登家说这得查旧账。探春笑道:"你办事办老了的,还记不得,倒来难我们。你素日回你二奶奶也现查去?若有这道理,凤姐姐还不算厉害,也就是算宽厚了!还不快找了来我瞧。再迟一日,不说你们粗心,反象我们没主意了。"吴新登家弄了个满面通红,连忙去找了旧账过来。

探春一看旧账,两个原来是"家里的"(丫鬟收房后升为小妾的),有了亲戚亡故,是赏二十两;两个"外头的"(从外面买来的小妾)有亲戚亡故的,是赏四十两。另外还有两个"外头的",一个赏了一百两,是因为隔省迁葬父母;一个赏了六十两,是因为新买的坟地。于是探春就吩咐给赵姨娘二十两银子。

这赵姨娘是探春的亲生母亲,原来也是贾府的丫鬟,被贾政收房后升为小老婆。赵姨娘的哥哥赵国基,也是贾府的奴仆。所以赵姨娘算是"家里的"。可是赵姨娘气不过探春的"大义灭亲",知道探春只批准了二十两银子的赏银,就跑到李纨和探春办事的房间来找探春理论。一把鼻涕一把泪的,"我这屋里熬油似的熬了这么大年纪,又有你和你兄弟(指贾环),这会子连袭人都不如了,我还有什么脸?连你也没脸面,别说我了"!探春居然还能笑着解释,拿了旧账翻给赵姨娘看,说:"这是祖宗手里旧规矩,人人都依着,偏我改了不成?也不但袭人,将来环儿收了外头的,自然也是同袭人一样。这原不是什么争大争小的事,讲不到有脸没脸的话上。他(赵国基)是太太的奴才,我是按着旧规矩办。"说着说着,探春也开始伤心,说赵姨娘给她添乱,"太太满心疼我,因姨娘每每生事,几次寒心。我但凡是个男人,可以出得去,我必早走了,立一番事业,那时自有我一番道理。偏我是女孩儿家,一句多话也没有我乱说的。太太满心里都知道。如今因看重我,才叫我照管家务,还没有做一件好事,姨娘倒先来作践我。倘或太太知道了,怕我为难不叫我管,那才正经没脸,连姨娘也真没脸"!

可赵姨娘的逻辑和探春不一样,说:"太太疼你,你越发拉

探 春

扯拉扯拉我们。你只顾讨太太的疼,就把我们忘了。"而且抱怨:"如今你舅舅死了,你多给了二三十两银子,难道太太就不依你?分明太太是好太太,都是你们尖酸刻薄,可惜太太有恩无处使。姑娘放心,这也使不着你的银子。明儿等出了阁,我还想你额外照看赵家呢。如今没有长羽毛,就忘了根本,只拣高枝儿飞去了!"探春"气的脸白气噎",一面哭一面反驳:"谁是我舅舅?我舅舅年下才升了九省检点,那里又跑出一个舅舅来?……谁不知道我是姨娘养的,必要过两三个月寻出由头来,彻底来翻腾一阵,生怕人不知道,故意的表白表白。也不知谁给谁没脸?幸亏我还明白,但凡糊涂不知理的,早急了。"

以上这段可谓公说公有理,婆说婆有理,那探春究竟是冷酷无情,还是大义灭亲?

探春是赵姨娘生的,可是探春口口声声不叫妈,叫的是"姨娘";这赵姨娘口口声声的也不叫女儿,叫的是"姑娘"。赵国基是赵姨娘的兄弟,分明就应该是探春的舅舅,可是探春为什么说她的舅舅是升了九省检点——就是那个王夫人的弟弟王子腾,做奴仆的赵国基根本不是她舅舅?

要了解这段故事的意思,就需要了解一下中国古代的家庭制度。

一夫一妻多妾制下的家庭

中国古代实行的是一夫一妻多妾制,也就是说,丈夫只能有一个大老婆,可以有几个小老婆。今天的人往往以为古代的大老婆、小老婆,都是一样的老婆。但实际上这是大错特错了。按照古代法律以及礼教的严格规定,大老婆是妻,小老婆是妾,两者有天壤之别。

相对于丈夫的祖先而言,妻和丈夫一样是传宗接代、延续祖宗香火的角色;而相对于妾以及所有的子女(无论是妻自己生育的,还是丈夫和妾或其他女子所生育的)而言,妻又是和丈夫并列的家长。礼教里所谓"妻者,齐也,与夫齐体"(《白虎通·嫁娶》)就是说的这个意思。

妻要经过正式而烦琐的程序聘娶,所谓"聘则为妻"。而妾原来只是指买来的女奴,后世娶妾也无须正式的程序,可以像《红楼梦》里的平儿那样是陪嫁、随嫁或是买来的女奴"升格"。妾母家和夫家的关系是买卖关系,双方并无"合两姓之好"的亲戚关系。因此唐代法律规定:"妾通买卖,等数相悬。"

妾只不过是丈夫的一个生育后代的工具,所谓"妾者,接也。以贱见接幸也"(《释名》)。她所生育的子女的"嫡母"是妻,对于非她生育的其他的子女她并不具有母亲的地位,更没有家长的地位。相反她是处在家长的权威之下。《仪礼·丧服·子夏传》称

"妾之事女君与妇之事舅姑等",也就是说妾对于妻子要像妻子对待公婆一样的恭顺。后世法律都规定妻如殴伤妾都可以减罪二等。相反妾殴妻就要加罪一等。

在称呼上,清代社会一般称妻为奶奶、太太,而称妾为"新娘"、"姨娘"。《儒林外史》第二回里说:"若是嫁给别人作妾,就到头发白了,还要唤做'新娘'。"

我们看探春虽然是赵姨娘的亲生女儿,她对这位母亲的称呼也是口口声声"姨娘"。而对于她的法律上的母亲王夫人,则是"太太"。《红楼梦》第六十五回,贾琏在外面刚娶尤二姐时,十分宠爱,命令家人管尤二姐叫"奶奶"。可是就是因为家人们传说"新奶奶"、"旧奶奶"的,才让凤姐发现了这个秘密。小说的最后,袭人嫁了蒋玉函,"过了门,见那蒋家办事极其认真,全都按着正配的规矩。一进了门,丫头仆妇都称奶奶"。

正妻才是家长

正妻具有家长地位的事例在古典名著中不胜枚举。比如《红楼梦》里王夫人是贾政的正妻,在大观园里可以做主。《金瓶梅》里西门庆死后,就由他的妻子吴月娘当家,卖掉春梅,赶走潘金莲,嫁走李瓶儿、孟玉楼。《警世通言》第三十三卷"乔彦杰一妾破家"里提到,周巡检死后,夫人即做主将妾卖给过路的客商乔俊。

正妻也是所有子女在法律上的正式母亲。明清时法律有"八母"的区分。是指养母、嫡母、继母、慈母、嫁母、出母、庶母、乳母。养母,为"自幼过房与人"者的拟制母亲;嫡母,是妾生子女对父亲正妻的称呼;继母,是父亲的后妻;慈母,是指妾生子女的生母因死亡或被出,由父亲指定其他的妾加以扶养;这四种母亲都构成"斩衰服亲",是子女法定的最亲近的亲属。嫁母,是指父亲死后,改嫁他人的亲母;出母,是指被父亲休弃的母亲;以上两种其子女与她的亲属关系降一级为"齐衰杖期亲"。庶母,是指父亲的"有子妾"(生育了儿子的小老婆),她亲生的子、女(未出嫁前)是最亲亲属,其余的子女降一级为"齐衰杖期亲"。乳母,是指父亲指定代为哺育的父亲的妾,被乳之子与她构成最远的法定亲属"缌麻亲"。

因此,探春、贾环是赵姨娘亲生的女儿、儿子,但是他们在法律上的母亲、也是和父亲贾政并列的家长,是贾政的正妻王夫人。王夫人的亲戚,是探春和贾环的法定亲属;而赵姨娘作为"妾",从法律上讲已经隔断了她和娘家的联系,她是以个人身份进入到贾府,她的亲属在法律上根本不算是探春和贾环的亲戚。所以探春认王夫人的兄弟王子腾为舅舅,根本不承认赵国基和她有什么亲戚关系,确实具有法律以及礼教上的依据。

赵姨娘不及袭人

袭人是贾宝玉的丫鬟,母亲死了,贾府还给了四十两银子作为慰问;这赵姨娘是贾政的小老婆,她的兄弟死了,怎么贾府给的丧葬费用只有二十两银子？只有袭人的一半？也就是说,这赵姨娘的地位还真就只有一个丫鬟的二分之一？

赵姨娘是"家生子",也就是个家里的丫鬟,被贾政"收用"后为"身边人",也就是所谓的"通房大丫头",以后才升格为"姨娘",她自己是脱离了丫鬟的地位——不过依然很有限,小说中经常提到赵姨娘、周姨娘仍然经常要和二门内的管家奴仆一起张罗家务——这对于她的兄弟的地位没有任何的帮助,仍然只是一个家生的奴仆。

袭人是"外面的",是贾府从外界购买的奴仆。袭人原来是贾母的丫鬟,本名"珍珠"。贾母溺爱宝玉,生怕宝玉没有称心的丫鬟,就将珍珠给了宝玉。宝玉知道她本姓花,古人诗句有"花气袭人",宝玉向贾母说明,将她改名"袭人"。因为算是贾母的丫鬟,袭人本来就属于贾府中最高等级的一等丫鬟。所有的丫鬟月钱都是一吊铜钱,但所有贾母的大丫鬟每月一两银子。

袭 人

袭人为人乖巧,深得王夫人喜欢,后来王夫人特意嘱咐凤姐,"王夫人想了半日,向凤姐儿道:'明儿挑一个好丫头送去老太太使,补袭人,把袭人的一分裁了。把我每月的月例二十两银子里,拿出二两银子一吊钱来给袭人。以后凡事有赵姨娘周姨娘的,也有袭人的,只是袭人的这一分都从我的分例上匀出来,不必动官中的就是了。'"也就是说,袭人是贾府给宝玉准备"收房"做妾的,因此地位已和赵姨娘一般。这样一来,袭人的月份钱还要高于赵姨娘、周姨娘的二两银子月份(赵姨娘另有算是贾环的二两)。

那为什么旧账里已经形成惯例的是,"外面的"要比"家生的"高?和我们今天想法不一样的是,当时人认为"家生"的一大家子都是由主人"恩养日久",因此"家生子"的父母兄弟都是已经享有过主子的"恩典",去世时主人稍微表示一下"恩赐"就行。而像袭人那样"外边"买来的,死去的袭人的母亲是平民,不是赵新登那样,贾府有"养育之恩"在内,因此需要加重"恩赐"的分量。

还有一个因素也要考虑,但《红楼梦》作者有意模糊了。袭人是母亲之丧,比赵姨娘死去的是兄弟,亲属等级上又高了一级,因此加倍恩赐并不奇怪。实际上作者在"旧账"里也已经说明,外面的父母之丧都可以有四十两银子。只是赵姨娘属于那种"拎不清"的奴仆,胡搅蛮缠,自讨没趣。

从《红楼梦》里探春不认亲舅这个故事,我们可以了解中国一夫一妻多妾制下的家庭制度。这个制度在法律上只认定妻子的地位,将妻子固定为与丈夫并列的家长,将所有子女全部都归属于正妻的家长权之下。而妾则被割断了与自己家庭的联系,也同样被置于家长权之下。这样的家族制度设计,同样贯彻了严格的等级原则,把家庭成员划分为明确的等级,把家庭内部利益冲突限制在等级之内,来保证大家族的传递。但从骨肉亲情角度看,确实是有些让人觉得"冷酷无情"了。

凤姐"炒作"张华案

无事生非狠凤姐

尤二姐的悲剧是《红楼梦》里很有名的故事。这个悲剧的主要推动者,是凤姐。而凤姐把尤二姐逐步逼入绝境的一个手段,是无端的搞出一场诉讼案件,这就是"张华案件"。

小说第六十四回"幽淑女悲题五美吟 浪荡子情遗九龙佩",首次讲到尤二姐过去曾经定过一份亲。当贾琏看中尤二姐做二房时,贾蓉提到了张华,说是他外婆尤老娘在老家曾将尤二姐许配给"皇粮庄头"张家的儿子张华,指腹为婚。后来张家遭了官司败落了,尤老娘也改嫁了,十几年两家音信不通。贾琏决定要娶尤二姐,贾珍便要人找到张华父子,逼着他们写一纸"退婚书"给尤老娘。张家"惧怕贾珍等势焰,不敢不依,只得写了一张退婚文约"。尤老娘给了张家二十两银子,算是退还了张家的聘礼。

到了小说的第六十七回"见土仪颦卿思故里　闻秘事凤姐讯家童",贾琏偷娶尤二姐的事情穿帮后,凤姐审讯小厮兴儿,听说:"那珍大奶奶的妹子原来从小儿有人家的,姓张,叫什么张华,如今穷的待好讨饭。珍大爷许了他银子,他就退了亲了。"立刻发觉这是一个陷害尤二姐的好机会。

凤姐要迫害尤二姐,但她又要设法让阖府上下的人都觉得她在贾琏偷娶尤二姐这件事情上是受害者、她很大度,是真正的贤妻。所以她就抓住尤二姐曾定亲的事情,极力鼓励张华去告发贾府,揭发丑闻;同时自己又作出千方百计维护贾府面子、忍辱负重摆平这场官司的样子。

在小说第六十八回"苦尤娘赚入大观园　酸凤姐大闹宁国府"里,凤姐派人找到了才十九岁的张华,要贴身小厮旺儿,用二十两银子"将张华勾来养活"。然后要张华写一张状子,到京城各相关衙门去告发贾蓉和贾琏,罪名是"国孝家孝之中,背旨瞒亲,仗财依势,强逼退亲,停妻再娶"。

凤姐唆使张华去告发贾蓉、贾琏的这个罪名真的很可怕吗?是很重的罪名吗?

"无谎不成状"

贾琏偷娶尤二姐的时候,恰好是在他的堂伯父贾敬的服丧期,也是"国丧"期。小说第五十八回提道,朝廷里死了一位老太妃,皇帝下令凡是贵族官僚之家、妻子得到过朝廷诰命封赠的,都要守丧。所有具有爵位的贵族之家,"一年内不得筵宴音乐",庶民在三个月内不得婚嫁。也就是说,贾琏违背禁令是肯定的。可这个罪名是重罪吗?

按照明清时期的法律,有专门的"居丧嫁娶"条,凡是男女在父母、妻妾在丈夫丧期之内自己嫁娶或为人主婚的,要处杖一百,并强制"离异";如果是男子在父母丧期内像贾琏这样娶妾的,减二等处罚(答五十)。如果是在祖父母、伯叔父母、姑、兄、姊的丧期内嫁娶的,处杖八十,但不必离异,如果是娶妾的,无罪。死去的贾敬正是贾琏的伯父,为伯父服丧期间娶妾,按照法律的明文规定,

尤二姐

并没有罪过,不必追究。而国丧的诏书里只是规定贵族之家不得"筵宴音乐",庶民皆三月不得婚嫁。娶妾毕竟不算是正式的婚嫁,所以实际上这个罪名也安不上。

所以凤姐叫张华去告贾琏的这个所谓"国孝家孝之中,背旨瞒亲",只是一句"赖词"——所谓"无谎不成状,无赖不成词"。是为吸引受理案件的长官的眼球,追求一个先入为主的轰动效应。所以后来案件起诉后,受理案件的都察院根本就不理会这个罪名。

"仗财依势,强逼退亲"的控诉,也没有那么严重。明清时法律对于男女婚姻的规定很简单,凡是"许嫁女已报婚书及有私约"("私约",并非是男女私订终身的私下约定,而是说预先已知道男方有残疾、年龄差别、妾生子、养子之类特殊情况),如果已经接受了聘礼,以后女家又悔婚的,女家主婚人笞五十,"其女归本夫"——也就是归原来订婚的那个男子。如果不单单是悔婚,女子又"再许他人"的,如果尚未成婚者,女家主婚人的处罚就要升级到杖七十;已经成婚的,要处杖八十。这就是尤二姐的情况了,悔婚的女方主婚人是唯一的家长尤老娘,应该要打八十下。后定娶者的男方知情的,主婚人要与女家同罪,也要打八十下,而且"财礼入官"。法律规定,一般情况下"女归前夫",但"前夫不愿者,倍追财礼,给还其女,从仍后夫"。

贾琏是娶妾,法律对此没有明文的规定。即便是按照娶妻来判罚,最多也只是杖八十的处罚,算不上重罪。尤其按照贾府这样的身份,是不受身体刑的,只要拿些银子赎罪就行。

"停妻再娶"这个罪名,也完全是一句"赖词"。明清时候,法律规定,"若有妻更娶妻者",处杖九十,后娶之妻强制离异。这个罪名本身并非重罪,尤其是贾琏娶的是妾,虽然贾琏喜欢尤二姐,在外面置了住处,要小厮们称呼尤二姐为"奶奶",那不过是给尤二姐的"特殊待遇",尤二姐自己知道自己只是妾。贾琏也没有"停妻",只是"瞒妻"娶妾而已。所以后来都察院也根本没有理会。

三方总导演

凤姐给原告弄好了剧本,也给被告准备了台词,连对她来说只是"舞台"的司法审判机构都一一搞定。

可是原告主演的张华,开始时不敢上场。"旺儿回了凤姐,凤姐气的骂:'癞狗扶不上墙的种子。你细细的说给他,便告我们家谋反也没事的。不过是借他一闹,大家没脸。若告大了,我这里自然能够平息的。'"

凤姐逼迫张华起诉,为了能够牵扯出给贾琏和尤二姐牵线的贾蓉,她又吩咐要在状子上加上奴仆旺儿,罪名是"唆使主子"。

张华壮着胆子到都察院喊了冤。都察院是明清时期朝廷最高监察机构,谁都可以告。都察院受理后,被告贾琏是不能传唤到庭的(作为贵族之家,除了谋反之类的重大案情,一般诉讼都可以由其管家代理出庭),只能发票传贾府奴仆旺儿,旺儿根据凤姐部署,早在等候。到庭后和张华按照预先演练的套路,"便说出贾蓉来"。

都察院主审官只得发票去传贾蓉。

凤姐已经暗中给了都察院主审官三百银子,要都察院"虚张声势",催传贾蓉,搞臭贾蓉在世面上和家族里的名声。凤姐同时又派人唆使张华,"只叫他要原妻",能够要回的,凤姐就给他许多的"赔送",还给他银子"安家过活"。

案件再审,宁国府里的管家代表去出庭,说是张华退婚在先,所以贾蓉将尤老娘和二姨作为亲戚接到家里居住,没有娶嫁之事——索性将贾琏偷娶尤二姐的事一笔抹杀。而且反诉张华"皆因张华拖欠了我们的债务,追索不与",只是借机无理取闹。

凤 姐

都察院的主审官顺势判决"张华无赖,以穷讹诈",退回状子,将张华打一顿赶出来。凤姐派出的心腹奴仆庆儿早已给张华上下打点,这顿板子也没打重。

庆儿按照凤姐的部署,又叫张华再去告,这次只告退亲事情,要官府判决将尤二姐断还张华。于是张华又去都察院起诉。凤姐又给都察院主审官授意,要他批:"张华所欠贾宅之银,令其限内按数交还,其所定之亲,仍令其有力(具有财力)时娶回。"

贾蓉也猜到了凤姐的意思,只是要贾府上下都觉得尤二姐是个丑闻缠身的麻烦货就行,"若要使张华领回,成何体统"。于是贾蓉和父亲贾珍商量,暗中派人去威胁张华:"你如今既有许多银子,何必定要原人!若只管执定主意,岂不怕爷们一怒,寻出个由头,你死无葬身之地。你有了银子,回家去什么好人寻不出来?你若走时,还赏你些路费。"张华父子本来不想打这个官司,现在听了,"心中想了一想,这倒是好主意"。和父亲算了算,前后得到凤姐派来的旺儿、庆儿给他们的费用也有了上百两银子,父子也觉得可以了,"次日起个五更,回原籍去了"。

凤姐听说张华已逃走,心中一想:"他倘或再将此事告诉了别人,或日后再寻出这由头来翻案,岂不是自己害了自己。"因此凤姐又后悔了,又暗中布置,要旺儿派人找到张华父子,"或说他作贼,和他打官司将他治死;或暗中使人算计,务将张华治死,方剪草除根"。旺儿虽然忠心,但还不是没人性的打手,"领命出来,回家细想:人已走了完事,何必如此大作,人命关天,非同儿戏"。自己在外面躲了几天,"回来告诉凤姐,只说张华是有了几两银子在身上,逃去第三日在京口地界五更天已被截路人打闷棍打死了,他老子唬死在店房,在那里验尸掩埋"。凤姐听了有点不信,说:"你要扯谎,我再使人打听出来敲你的牙!"不过也

贾 蓉

没有真的派人去打听。

整个案件,完全是凤姐无事生非,白白地两边花银子把案件炒大,然后再自己出面"息事宁人",来表现自己的"大度"。很早就有人批注,"凤姐初念在张华领出二姐,转念又恐仍为外宅,转念即欲杀张华,为斩草除根计。时写来觉满腔都是荆棘,浑身都是爪牙"。

凤姐放债引火烧身

贾府被抄家的罪名

大家都知道《红楼梦》是一部未完成的作品,现在搞不清楚作者原来计划描写贾府的结局究竟如何。后来高鹗续写的后四十回,采用了贾府遭遇政治打击、陷入绝境的结局。不过给贾府安上的罪名很值得玩味。

第一百零五回里,贾府遭遇查抄,主持抄家的西平王,闯进贾府

抄检贾府

后,站在台阶上慢慢地说道:"小王奉旨带领锦衣府赵全来查看贾赦家产。"贾赦等人一听,都趴到地上。西平王便宣布:"有旨意:'贾赦交通外官,依势凌弱,辜负朕恩,有忝祖德,着革去世职。钦此。'"旁边的锦衣府赵全下令:"拿下贾赦,其余皆看守。"

可是抄家似乎没有抄出什么重要的罪证。抄了一会儿,有锦衣司官来报告,说是:"在内查出御用衣裙并多少禁用之物,不敢擅动,回来请示王爷。"又过了一会儿,又有一起人来报告西平王,说:"东跨所抄出两箱子房地契,又一箱借票,都是违禁取利的。"西平王还没有表示什么意见,赵全很有点兴奋地说:"好个重利盘剥!很该全抄!请王爷就此坐下,叫奴才去全抄来再候定夺罢。"

看上去贾府导致抄家的罪名,原来是很模糊的。如果抄家针对的罪名是"交通外官",那么应该专注于来往信函文件。后来抄家抄出了"御用"物品,放债的两箱子房地契,一箱借票,于是又有"违禁取利"的罪名。

而且看小说的描写,又是这"违禁取利"是重罪。和贾府关系不一般的北静王赶来维护贾府,防止锦衣司的人破坏财物,任意欺诈。还安慰贾政,说:"政老,方才老赵在这里的时候,番役呈禀有禁用之物并重利欠票,我们也难掩过。这禁用之物原办进贵妃用的,我们声明,也无碍。独是借券想个什么法儿才好。"第一百零六回,又有同样的描述:说是隔天北静王派了王府的长史来打招呼,说贾政的工部员外郎官职都不动,"所封家产,惟将贾赦的入官,余俱给还"。只是向贾政说明:"惟抄出借券令我们王爷查核,如有违禁重利的一概照例入官，其在定例生息的同房地文书尽行给还。"

贾府谁在放债？

那么放债的究竟是谁呢？高鹗续写的后四十回特意说明，原来并不是贾府的家长，而是主持家务的贾琏夫妇在放债，而且放债是为了维持大家庭的生计，很有一点悲壮的意味。

小说一百零六回，贾府被抄家后，贾政含泪询问贾琏："我因官事在身，不大理家，故叫你们夫妇总理家事。你父亲所为固难劝谏，那重利盘剥究竟是谁干的？况且非咱们这样人家所为。如今入了官，在银钱是不打紧的，这种声名出去还了得吗！"

贾琏跪下解释说："侄儿办家事，并不敢存一点私心。所有出入的账目，自有赖大、吴新登、戴良等登记，老爷只管叫他们来查问。现在这几年，库内的银子出多入少，虽没贴补在内，已在各处做了好些空头，求老爷问太太就知道了。这些放出去的账，连侄儿也不知道那里的银子，要问周瑞旺儿才知道。"

贾政心里埋怨贾琏夫妇不知好歹，"如今闹出放账取利的事情，大家不好"。

那么，贾琏夫妇是在合伙将贾府的财产弄出去放债吗？贾琏说的依靠放债来补贴家用、没有私心是真的吗？这难道符合曹雪芹前八十回中预示的"落了片白茫茫大地真干净"的结局？贾琏凤姐究竟是如何放债的？

凤姐放债攒私房

实际上关于这个问题,曹雪芹在前八十回里已经做了足够的铺垫,而且说得很明白,放债的只是凤姐,连贾琏都不知情,是凤姐自己的小金库运作,为自己在攒私财,根本没有为大家族利益考虑的意思,甚至就是靠损害大家族的利益而为自己捞好处。

曹雪芹在前八十回里写得很明确,凤姐小金库资金的来源有两个,一个是凤姐利用管家机会,私下挪用给二门内人员发放的"月钱",先放债,收取到了利息再发放"月钱";另一个则是凤姐利用贾府势力收受贿赂积攒的赃银。

平 儿

好教我左右做人难

华东师范大学教授陈大康专门研究过《红楼梦》里的"月钱"问题。这是在前八十回里经常提到的一个问题。所谓"月钱",是荣国府里的主子、奴仆都按月领取的零用钱。按照陈大康先生的统计,大观园里的主子、奴仆,以及介于主仆之间的姨娘,分为三个等级:主子里最高的等级是贾母、王夫人、李纨,每月二十两;已婚的主子,如凤姐、贾琏每月四两;未婚的主子,如包括宝玉、贾环、迎春、探春、惜春等每月二两。奴仆里最高的级别是贾母的一等八个大丫头（包括袭人），以及王夫人的四个大丫头，每人每月一两银子外加五百铜钱；晴雯、麝月等二等丫头，每月一吊铜钱；其他的比如小红之类的三等小丫头，都是每月五百铜钱。姨娘每月二两。

按照陈大康教授的计算，这些二门内所有人员经凤姐发放的"月钱"总额是三百两银子左右，也就是说，她每次延迟发放一两个月，将这笔钱挪用作为放债本钱。

这在第三十九回里说得最明白：

> 袭人问平儿："这个月的月钱，连老太太和太太还没放呢，是为什么？"平儿赶紧凑近袭人，悄悄说："你快别问，横竖再迟几天就放了。"袭人笑道："这是为什么，唬得你这样？"平儿说："这个月的月钱，我们奶奶（指凤姐）早已支了，放给人使呢。等别处的利钱收了来，凑齐了才放呢。因为是你，我才告诉你，你可不许告诉一个人去。"袭人道："难道他还短钱使，还没个足厌？何苦还操这心。"平儿笑道："何曾不是呢。这几年拿着这一项银子，翻出有几百来了。他的公费月例又使不着，十两八两零碎攒了放出去，只他这梯（体）己利钱，一年不到，上千的银子呢。"

那么按照这个说法，凤姐一年放债收入利息有一千两，是在"违禁取利"放高利贷吗？"重利盘剥"在古代是一项很重的罪名吗？

"重利盘剥"罪

这就需要了解明清时期的有关法律规定了。

根据明清律"违禁取利"的专门条文:所有的借贷债务利息,"每月取利,并不得过三分。年月虽多,不过一本一利"。也就是说,利率被限制在月利3%以下,累计利息的总额不得超过债务原本。超过这一限制的,作为犯罪处罚,处以笞四十。计算获得的违法利息数额为赃值,如果计赃数额高于笞四十的,按照"坐赃"(非法所得)罪处理,但最高处罚不超过杖一百。

除了限制利息外,这一条法律还着重禁止官员放债行为。"若监临官吏,于所部内举放钱债,典当财物者",只要有此行为就处以杖八十。如果放债时还"违禁取利",就是超过以上的利息限制进行放债取息的,计算利息所得数额,计赃应处以杖八十以上刑罚的,"依不枉法论"(受财不枉法,接受贿赂但未作出违背法律的规定),计算赃值后折半,按照折半后的赃值进行处罚,赃满四十两,处杖九十,以上递加,最高处杖一百,流三千里。所有的利息追还债务人。

另外,这条法律又禁止债主以债务人的房屋、田产、牲畜之类重要财产抵折债务的行为。"豪势之人不告官司,以私债强夺去人孳畜产业",要处杖八十。如果所夺的财产估价超过了原来债务的本利总和,多余的价钱要计赃,按照坐赃罪论处,罪止杖一百,徒三年。多余的钱款要追还原主。

贾府所谓的"重利盘剥"的罪名,就应该是指月利超过3%的放债,或者是计算复利(利滚利的印子钱),或者征收利息的总额超过了原来本钱数额,或者以债务为由夺取债务人的房屋田产耕畜。从高鹗续写的贾府抄家场景,特意提到抄出一箱借据、两箱田房契约,就是指这最后一项:以私债夺取债务人不动产。

凤姐取利无须"违禁"

根据陈大康先生的计算,凤姐的本钱,一个月可挪用二门内三百两的"月钱"做一个一两个月的短期放贷,理论上按照法律限制的利率,每挪用阖府一个月的"月钱",每个月就可以有九两银子的利息。一年可以有一百零八两的利息收入。

凤姐受贿所得的私房银子(仅仅第十五回中提到的干预水月庵尼姑介绍的一桩案件就有三千两银子),可用于长期放贷。姑且凤姐的这笔资金就算是三千两,按照3%月利计算,一年利息也可以有一千零八十两。

凤姐依靠这两项"本钱",每年搞个一千几百两的利息应该是没有问题的。当然凤姐没有时间去过问每一笔的放贷,所以我们可以合理地推想,凤姐应该是委托给某些当铺之类的金融机构进行"委托理财"。这样会有相当的折扣给这些专门的机构,每一笔放贷不可能都是拿到月利3%,况且明清时当铺放贷的利息一般不

凤姐弄权

凤姐放债引火烧身

到3%,大多为2%左右。那么凤姐总本钱按照月利2%来计算,"体己利钱"确实正如平儿所言有"上千",一般是在一千两左右。

不管如何,凤姐不用超过法律限制,每年赚个千把两银子是很自然的,并没有必要去冒触犯法律的风险。既不需要超越法律的限制来计算利息,也没有必要去"强夺去人孳畜产业"。尤其是后者,得利的成本并不低,肯定要招致债务人的反抗,需要很多的打手,会惊动很多左邻右舍,就不适合凤姐暗中悄悄放贷、取利肥己的既定方针。

"违禁取利"法条中罪名最重的是官员放债行为,最高可以判罚仅次于死刑的流三千里。可是这和凤姐挨不上边,她是官员的家属,并不是官员。该条法律文字并没有提到官员家属放债如何处置。所以按照曹雪芹前八十回设计的情节发展路径,贾府的败落不应该是因为"重利盘剥"这样的罪名。凤姐自己揽财有方,她的大结局应该不是这个放债取利的直接后果。

避免悲剧结局的苦心之作

按照曹雪芹在小说第五回"游幻境指迷十二钗 饮仙醪曲演红楼梦"里为整个贾府大家族预示的大结局,"好一似食尽鸟投林,落了片白茫茫大地真干净"!应该是败落到底,完全是一个悲剧。可是续写的高鹗觉得这样的结局未免太煞风景,不符合他那个时代歌颂盛世的主旋律,所以他要搞一个贾府败落了以后又能"中兴"的结局。所以其要在贾府败落的缘由上下功夫,给贾府安上这个"重利盘剥"的罪名。

在清朝雍正、乾隆年间,朝廷注意到官僚阶层腐败日盛,尤其是八旗中出现严重的两极分化。因此曾经制定了几个条例,加重了长官对于所管辖的部下及地方民众发放高利贷的罪行的处罚。

雍正年间,发生八旗佐领向属下的"旗丁"放贷"印子钱"(债务人必须按月或按日偿还债务利息,由债主在日期表格中盖印注销利息,如有违欠,所欠利息就计入原本一并计算利息)的案件,八旗都统李禧建议,立法禁止八旗佐领军官向所管辖的旗丁放印子钱,允许借钱者告发,告发者无须偿还债务,放贷者要严加治罪。不久刑部尚书张照向雍正帝提出,新的单行条例实际上和原来的"违禁取利"法律重叠,建议还是按照原有法律处罚。雍正帝接受了张照的意见,废除了刚订立的条例。

乾隆二十二年(1757年)发生王洪案。朝廷"承办陵寝事务大员"佛伦的家人王洪,向清朝陵寝的"树户"(保养树木的专业户)放贷取息。有一次在讨债时发生纠纷,被债务人打死。乾隆皇帝因为这个案件,特意下旨,要求立法,明确规定:"执事大臣不行约束家人,致令私向所管人等,往来交结借贷者,一经发觉,将伊主一并治罪。"原来《大清律例》"家人求索"律条规定是,"本官知情者与同罪,不知不坐"。但从王洪案后官员的家人向百姓勒索钱财、违禁取利的,官员即使不知情也要治罪。

乾隆三十一年(1766年)又发生赵得基案。震泽县知县赵得基,将自己的银子交给本地的典当商人委托理财,"营运生息"。不巧的是,典当铺被火延烧,债务人要求典当铺老板赔偿。而赵得基为了保证自己的利益,向上级请求免除典当铺的赔偿责任,被人揭发弹劾。两江总督高晋为此向朝廷建议,制定新的条例,加重官员在所管辖地区内向部下及百姓"举放钱债,典当财物"的处罚,官员有此行为的,无论是否违禁取利,都要按照所得利息,比照官员将自己货物高价摊卖给管辖下百姓"部民"的法律处罚,按照"受财不枉法"计赃论罪。如果是"违禁取利"的,要以全部非法所得利息计赃(原来律条规定是折半计赃)并以"受财不枉法"罪名处罚。如果是强迫放债取利的,比照"受财枉法"罪名论处(赃值一两以下杖七十,一两至五两杖八十,以上递增至五十五两以上杖一百流三千里)。违禁取利部分归还债务人,其余的利息全部没收"入官"。

高鹗作为官僚,肯定知道这几项相比原来律条更为严厉的单行条例。于是用来描写贾府抄家的情节,不管贾府的贾赦、贾政是否知情,贾琏、凤姐放债,都会连带到贾赦、贾政,遭受重罚。小说里描写锦衣所的赵全在听到抄出"重利盘剥"证据时很是兴奋,觉得逮住了大鱼。

可是高鹗实际上也知道,这些条例都是特指对于长官领导控制下的下属或"部民"之间的放债,贾赦、贾政都是京官,并不是直接管辖百姓的"亲民官",他们所辖的并无"部民",即便是高鹗所描写的贾琏、凤姐主持贾府有计划地放债取息,放债对象也不可能是贾赦、贾政的部下。因此,对贾府是不能适用这些条文的。高鹗由

凤姐致祸抱惭

凤姐放债引火烧身

此留下北静王来为贾政帮忙说情的伏笔。在他的描写下,后来的处罚并没有连带到贾政,仅仅没收了属于"重利盘剥"的利息,其他的债务典当都归还了贾府。这样贾府也就保留了大部分的财产,没有落个白茫茫大地真干净,为贾府的东山再起准备好了物质基础。

通过凤姐放债,我们知道了古代高利贷管制法律的大概情况。中国古代法律对于利息的限制还是相当明确的,对于官员贵族放债也有一定的限制。只是这种限制并没有和一个公开自由竞争的市场相联系,也没有一个公正的司法环境保障,官员的黑色、灰色收入还是经常通过金融放贷转变为灰色的市场投资和利润,加深了吏治腐败的程度。

后　记

  从二十年前开始,我就一直在注意摘抄和分析中国古代文学作品中涉及法律文化的内容,试图将此作为传统中国法制史学科的另一个研究视角加以利用,同时也可以作为分析解读传统名著新的角度提供给读者。多年来,积累了不少的心得。除了在教学中作为补充资料来源,还为报刊写过一些有关的文章,从2005年开始,还曾几次"触电",将这些内容改编为电视节目,先后在中央电视台《社会与法》频道的"故事与法"节目,上海电视台《纪实》频道"文化中国"节目,东方电视台《艺术人文》频道"世说新语"节目讲过这方面的内容。

  本书就是"触电"的结晶。2010年年底,中央电视台《社会与法》频道的陈德鸿编导找到我,建议我为新开设的《法律讲堂·文史版》栏目做一组文学名著中的法文化系列的节目。我因此做了《水浒传》、《金瓶梅》、《红楼梦》这三大名著,每一名著做十二期节目,总共三十六期,也就有了三十六篇讲稿。就在陆续到北京录像的同时,北大出版社郭薇薇编辑也正好找到我,希望我写一本有关古典名著中法文化的书,这可真称得上是"机缘巧合"。三十六篇讲稿也就成为本书的基础。

中国传统文化博大精深,是一个无穷无尽的宝库。真心祝愿读者能够从法律文化这个"别样"的角度来欣赏我们的传统文学名著,得到新的阅读乐趣。

郭　建

2011 年 9 月